구원의 확신과 성령의 불세례

장년
세례문답

KB215943

축하합니다!

우리 교회에 등록하시고 신앙생활을 잘 하셔서 이제 세례예식에 참여할 수 있게 되어 축하를 드립니다. 본 문답은 세례를 받기 전까지 교회의 성도로서 가질 수 있는 여러 가지 질문들에 대해 상세한 답변을 드리고, 더 나아가 믿음의 신앙을 고백할 수 있는 시간을 갖는 데에 목적이 있습니다. 먼저 본 문답을 통해서 그동안 생각하고 있던 기독교에 대한 질문이나 오해가 완전히 해결되고 이해되기를 바랍니다. 그래도 해결이 안 된 부분은 목사님이나 전도사님을 통해서 해결 받아야 합니다. 신앙에 대해 의문이 생기거나 질문이 있는 것을 그대로 묻어두면, 사탄의 꾐에 빠지거나 의심으로 인해 불신앙에 빠지게 됩니다. 이런 오류를 범하면 안 됩니다. 이제는 세례를 받기 전까지 전력을 다해 세례문답을 준비해야 합니다. 성도님의 문답교육의 기간 동안 믿음으로 승리하는 삶을 누리기를 바라며 교회가 함께 기도합니다.

　　　　　　　　　　　　성도님께

기독교대한성결교회
　　　　　　　　　　　　　　교회

담임목사　　　　　　　　　드림

✝

목차

†

1장

세례를 위한 준비는 어떻게 해야 합니까?

1. 회개와 회개의 열매

문1. 전적으로 타락한 인간일지라도 하나님의 선행은총에서 배제된 사람은 없다는 것을 어떻게 알 수 있습니까?

답: 모든 사람 속에 양심이 있다는 것을 통해 알 수 있습니다.

문2. 인간이 중생의 은혜로 향할 수 있는 믿음을 얻게 하는 회개는 어떤 은총으로 가능합니까?

답: 선행은총으로 가능합니다.

문3. 누구든지 사죄의 은혜를 받으려면 먼저 무엇을 해야 합니까 (마 3:2; 막 1:15)?

답: 회개해야 합니다.

문4. 참된 회개는 하나님을 향합니다. 성경은 진심으로 하나님 앞에서 회개하지 않고 사람에게만 보이려는 거짓 회개를 경계하고 있습니다. 참된 회개는 무엇을 바꾸어 하나님을 향하는 것입니까 (행 3:19)?

답: 참된 회개는 마음을 바꾸는 것입니다.

문5. 마음을 바꾸는 회개는 단순히 죄를 직시(直視)하고, 슬퍼하고, 고백하고, 부끄러워하고, 미워하는 것이 아닙니다. 마음을 바꾸는 회개는 이 모든 전 과정을 통과하면서 하나님과 사람 앞에서 하는 진정한 회개입니다. 마음을 바꾸는 진정한 회개는 어떤 회개입니까(마 5:23-24; 눅 3:8-14; 17:4; 19:8; 행 26:20; 고후 7:10)?

답: 회개의 합당한 열매를 맺는 회개입니다.

문6. 인간의 죄악과 죄의 책임이 우리에게 있다는 것과 우리 능력과 힘으로는 이 문제를 벗어날 가능성이 전혀 없다는 것을 깨닫게 해 주는, 구원에 이르도록 이끄는 회개는 무엇입니까?

답: 율법적 회개입니다.

문7. 예수님을 믿고 세례받아 거듭난 자가 이후에도 하나님의 법을 깨닫게 하시는 성령으로 말미암아 계속해서 그리스도 안으로 회귀할 수 있도록 성결의 은혜로 이끄는 회개는 무엇입니까?

답: 복음적 회개입니다.

2. 신앙과 신앙고백

문1. 교회는 신앙을 고백하는 공동체입니다. 성도의 신앙고백은 일차적으로 주님 앞에서 해야 합니다. 그리고 누구 앞에서 공개적이어야 합니까(마 10:32-33)?

답: 교회 공동체 앞에서 공개적으로 이루어져야 합니다.

문2. 초기 기독교 공동체부터 신앙고백의 중심 내용은 누구에 관한 것입니까(마 16:16; 요 20:28; 요한 4:2; 고전 15:3-4)?

답: 예수 그리스도에 관한 것입니다.

문3. 초기 교회부터 타 종교와 교회 안에 이단을 극복하고, 교회의 질서와 전통을 수호하고, 교회의 정체성을 확립시키기 위해서 고안된 방안은 무엇입니까?

답: 신앙고백입니다.

문4. 사람은 자신의 입으로 예수님을 주로 시인하며 또 하나님께서 그를 죽은 자 가운데서 살리신 것을 마음에 믿으면 구원에 이르게 됩니다. 성경은 사람이 마음으로 믿어 의에 이르고 입으로 시인하여 무엇에 이른다 하였습니까(롬 10: 9-10)?

답: 구원에 이르게 됩니다.

문5. 니케아-콘스탄티노플 신조는 4세기 교회가 공식적으로 채택한 고백적인 신조로써 주로 예배를 위해서 사용하고 있습니다. 아타나시우스 신조는 교의(教義)적인 신조로써 기독교의 정체성에 관한 신앙수호를 위해 사용되고 있습니다. 그런데 교리적인 신조로써 초대교회부터 세례에서 사용되다가 종교개혁자들에 의해서 예배용으로도 사용되는 신조는 무엇입니까?

답: 사도신조(또는 사도신경)입니다.

3. 구원과 구원의 확신

문1. 성경적인 구원관은 하나님이 세상을 이처럼 사랑하사 독생자를 주셨으니 이는 그를 믿는 자마다 멸망하지 않고 무엇을 얻게 하려 하신다고 합니까(요 3:16)?

답: 영생입니다.

문2. 세상을 사랑하여 독생자 예수 그리스도를 파송하신 구원의 주체는 누구이십니까?

답: 하나님이십니다.

문3. 하나님의 말씀에 대한 올바른 이해와 우리 자신에 대한 올바른 지식의 일치와 그에 대한 지각을 일컫는 말은 무엇입니까?

답: 선한 양심입니다.

문4. 성령의 직접적인 임재와 우리의 선한 양심이 응답할 때 확실히 알 수 있는 것은 무엇입니까?

답: 구원의 확신입니다.

문5. 성령의 임재를 한 번 경험했다고 해서 이것이 우리의 구원을 예수님의 재림 시까지 보증해 주는 것이 아닙니다. 성령의 능력과 믿음의 확신은 잃어버릴 수 있습니다. 성령의 능력과 믿음의 확신은 언제 잃어버리게 됩니까(살전 5:19)?

답: 우리가 범죄 하거나 믿음을 떠나서
세상으로 돌아갈 때 잃어버리게 됩니다.

4. 윤리와 윤리적 삶

문1. 현존하는 가장 오래된 교회의 규범서인 『디다케』에서 그리스도인이 되고자 하는 세례후보자에게 제시하는 두 가지 길은 무엇입니까?

답: 생명의 길과 죽음의 길입니다.

문2. 초대교회부터 현대에 이르기까지 세례후보자에게 사도신경, 십계명, 예수님의 산상보훈 등을 말씀과 삶의 고백이 되도록 가르치는 것은 무엇이 되었습니까?

답: 교회의 핵심 교리가 되었습니다.

문3. 생명의 길에서 "다른 사람을 너희 자신의 생명보다 더 사랑하라"는 계명은 무엇을 강조하는 것입니까?

답: 이웃사랑을 강조하는 것입니다.

문4. 생명의 길에서 그리스도인이 목회자를 존경하는 이유는 무엇입니까?

답: 말씀을 전하기 때문입니다.

문5. 죽음의 길에서 세례후보자에게 잘못된 가르침은 경계하고, 온전하게 하시는 누구의 멍에를 충실하게 짊어지라고 가르칩니까?

답: 주님의 멍에입니다.

†

2장

성경은 기독교 신앙과
실천의 규범입니까?

1. 성경은 하나님의 말씀입니다

문1. 하나님의 자기 계시의 특별한 매개체로써, 하나님의 말씀을 담고 있는 가장 권위 있는 책은 무엇입니까?

답: 성경입니다.

문2. 전지하시고 전능하시고 정확하신 하나님께서 누구를 통하여 성경을 영감하셨습니까(요 16:13-14; 딤후 3:16)?

답: 성령입니다.

문3. 성경의 계시가 하나님으로부터 인간에게 오는 신적인 진리의 전달이라면, 진리의 첫 번째 수령자들로부터 다른 사람들에게로 그 진리를 전달하는 것은 무엇입니까(벧후 1:20-21; 요 10:35)?

답: 영감입니다.

문4. 성경이 기록된 시대의 문화와 의사전달의 수단과 주어진 목적들을 고려하여 해석할 때, 성경이 주장하는 모든 것에 대하여 전적으로 참되다는 주장은 무엇입니까(벧후 1:20-21; 계 22:18-19)?

답: 성경의 무오성입니다.

문5. 만일 누구든지 이 두루마리의 예언의 말씀에서 제하여 버리면 하나님이 이 두루마리에 기록된 생명나무에 참여함을 제하여 버리시고, 또 어디에 참여함을 제하여 버리신다고 하셨나요(계 22:19)?

답: 거룩한 성에 참여함을 제하여 버리십니다.

2. 교회의 정경은 신·구약 성경 66권입니다

문1. 모든 기독교 신앙과 실천의 규범으로써 최고의 권위를 가진 것은 무엇입니까?

답: 성경입니다.

문2. 기독교 신앙과 실천의 표준으로서 성경은 교훈과 책망과 바르게 함과 의로 교육하기에 유익합니다. 성경의 유익함으로 하나님의 사람은 어떻게 됩니까(딤전 3:16-17)?

답: 완전해 지고 모든 선한 일을 행하는데
철저하게 준비된 자가 됩니다.

문3. 기독교의 최우선이 되는 규범으로써 모든 기독교 규범의 근원적인 규범이 되기에 충분하며, 확정적이고 고정적인 규범은 무엇입니까?

답: 성경입니다.

문4. 기독교대한성결교회의 정경은 구약성경 39권과 신약성경 27권 총 66권만을 교회의 정경으로써 진리의 기준이요 규범으로 인정합니다. 이것은 어느 전통에 서 있는 것입니까?

답: 개신교 전통입니다.

3. 성경의 주제는 예수 그리스도를 통한 구원입니다

문1. 성경이 살아 있고 활력이 있어 좌우에 날선 어떤 검보다도 예리하여 혼과 영과 및 관절과 골수를 찔러 쪼개기까지 하며 또 마음의 생각과 뜻을 판단할 수 있는 것은 누구의 말씀이기 때문입니까(히 4:12-13)?

답: 하나님의 살아 있는 말씀이기 때문입니다.

문2. 성경은 하나님 자신과 하나님의 구원계획을 드러내며 누구를 증언하고 있습니까(요 5:39)?

답: 예수 그리스도입니다.

문3. 하나님의 영 외에는 하나님의 일을 알지 못합니다(고전 2:11). 따라서 하나님의 말씀인 성경은 하나님의 깊은 것까지 통달하시는 누구의 조명을 받아야 합니까(고전 2:10)?

답: 성령의 조명을 받아야 합니다.

문4. 초기부터 성결교회는 사중복음을 성경해석의 원리로 삼았습니다. 이것은 중생, 성결, 신유, 재림의 사중복음에 의한 성경 해석이 성경을 어떻게 이해하기 때문입니까?

답: 구원 중심으로 이해하기 때문입니다.

문5. 구약성경과 신약성경은 각각 독자적인 권위를 갖고 있습니다. 성경은 능히 예수 그리스도 안에 있는 믿음으로 말미암아 구원에 이르는 지혜가 있게 합니다(딤후 3:15). 신·구약 성경 전체의 통일된 중심과 목적은 무엇입니까?

답: 예수 그리스도를 통한 하나님의 구원입니다.

4. 성경의 통일성과 다양성

문1. 성경은 언제, 어느 곳에서 읽혀져야 합니까?

답: 모든 예배의 자리와
성도의 삶의 자리에서 읽혀야 합니다.

문2. 성경은 하나님의 구원 역사를 신앙공동체의 믿음의 유산으로 공유하기 위해서 기록되었습니다. 성경에 기록된 신앙은 교회에게 자아 정체감을 제공해 줍니다. 이러한 신앙에 대한 지속적인 확신을 위해 성도가 해야 할 일은 무엇입니까?

답: 반복해서 성경을 읽는 것입니다.

문3. 하나님은 자신의 말씀을 말하여 설교자를 사용하십니다. 하나님의 능력을 통하여 설교자의 음성은 성도를 회개시키고, 거룩하게 하고, 치유하고, 재림의 소망 가운데 살게 하는 능력을 갖추게 합니다. 설교의 본질은 무엇에 근거를 둔 선포입니까?

답: 성경입니다.

문4. 하나님의 말씀의 조명을 받은 자는 최선을 다해서 그것을 사용해야 합니다. 하나님의 말씀이 현재의 구원과 영원한 구원을 위한 하나님의 능력임을 발견하기 위해서 성도는 어떻게 해야 합니까?

답: 말씀을 깨달은 순간부터 실행해야 합니다.

✝

3장

사도신경으로
신앙을 고백합니다

1. 나는 성부하나님을 믿습니다

문1. 성부하나님은 절대타자로서 스스로 존재하시는 분이시고, 모든 것이 하나님께로부터 나와서 하나님으로 말미암고, 하나님께로만 향함을 믿는 것(롬 11:36)과 하나님은 예수 그리스도를 아들이라 부르시고(마 3:17), 예수 그리스도는 하나님을 아버지라 부르는(마 26:42; 눅 23:46; 요 10:30; 14:9; 15:6; 고후 11:31; 엡 1:3)것은 성부하나님의 무엇에 대한 고백입니까?

답: 성부하나님의 존재에 대한 고백입니다.

문2. 하나님은 뜻하시는 모든 것을 할 수 있고(시 135:6; 마 19:26; 눅 1:37), 또한 이루십니다(렘 32: 17, 27; 욥 11:7; 엡 1:11). 그러나 하나님은 자기모순에 해당하는 일이나 자신의 성품에 벗어나는 일은 하지 않으십니다. 이것은 성부하나님의 어떤 속성을 가리킵니까?

답: 성부하나님은 전능하십니다.

문3. 하나님께서 예수 그리스도를 믿고 받아들이는 자에게는 하나님의 자녀가 되는 권세를 주십니다(요 1:12). 또한 하나님의 영으로 인도함을 받는 자는 하나님을 '아빠 아버지'라 부를 수 있습니다(롬 8:14-16). 독생자 예수님의 아버지이신 성부하나님은 우리와 어떤 관계입니까(사 63:16; 64:8)?

답: 우리의 아버지이십니다.

문4. 전능하신 하나님은 보이는 것과 보이지 않는 모든 것을 창조하셨습니다(골 1:16; 롬 11:36). 하나님은 아무것도 없는 데서 이 세상을 창조하셨기에 하나님의 창조를 본 사람은 아무도 없습니다

(욥 34:4-5). 우리는 믿음으로 하나님의 창조를 고백합니다(히 11:3). 전능하신 성부하나님의 대표적인 사역에 대한 고백은 무엇입니까?

답: 성부하나님은 천지의 창조주이십니다.

2. 나는 성자하나님을 믿습니다

문1. 성부는 성자를 영원부터 낳으셨고(시 2:7; 히 1:5; 5:5), 성자는 영원부터 성부에게서 나셨습니다(요 1:18). 예수 그리스도는 성령으로 잉태되어 나셨지만(마 1:18; 눅 1:35), 이미 선재(先在)하신 하나님이십니다(요 1:1; 8:58; 17:5; 고전 8:6; 골 1:16). 예수 그리스도께서 하나님의 독생자(요 1:14, 18; 3:16; 요일 4:9)라는 것은 성자하나님의 무엇에 대한 고백입니까?

답: 성자하나님의 존재에 대한 고백입니다.

문2. 예수 그리스도는 영원 전부터 성부 하나님의 아들로서 존재하시지만(요 17:5), 그리스도인은 성부 하나님의 독생하신 아들을 믿고 받아들임으로써 하나님의 양자가 된 것입니다(요 1:12). 예수 그리스도와 우리와의 관계는 무엇입니까(행 4:1-2)?

**답: 예수 그리스도는 우리의 유일하신 구원자요,
중보자이십니다.**

문3. '예수'라는 이름은 '여호수아'(민 13:8; 학 1:1; 슥 6:9-12)라는 히브리식 이름을 헬라어로 옮긴 것입니다. '예수'라는 이름은 예수님께서 이 세상에 태어나실 때에 붙여진 이름입니다(마 1:12; 눅 1:30-13). 예수님은 하나님께서 자기 백성을 구원하신다는 뜻입니다. 예수님의 이름에는 무슨 사명이 있습니까?

답: 예수님께서 자기 백성을 죄에서 구원할 사명이 있습니다.

문4. 예수 그리스도는 참된 선지자로서 하나님에 대한 온전한 지식을 주시고(행 3:22-26; 요 4:25-26; 6:14), 참된 제사장으로서 하나님의 백성을 성결하게 하시고, 우리를 위하여 간구하시고(히 4:14; 롬 8:34; 히 2:17; 7:24-25; 9:14, 25-26; 10:12; 엡 5:2), 참된 왕으로서 온 세상을 통치 하십니다(마 21:1-9; 마 1장). 성부 하나님께서 나사렛 예수님에게 세 가지 직분을 감당할 수 있도록 성령과 능력을 기름 붓듯 하셨습니다(행 10:38). 예수님의 직분에 대한 고백은 무엇입니까?

답: 예수님은 그리스도이십니다.

문5. 예수님의 동정녀 탄생은 메시아 탄생에 대한 예언의 성취입니다(사 7:14; 마 1:18-25). 예수님의 잉태는 초자연적인 방식이었지만, 출생은 자연적이었습니다(눅 2:6-7; 마 1:25). 예수님의 탄생을 천사가 알렸으며(눅 1:26-28), 주의 사람들은 아기 예수님께서 하나님의 아들이심을 알았습니다(눅 1:39-45; 67-79; 2:8-20; 25-35; 36-39). 예수님은 어떻게 나셨습니까?

답: 예수님은 성령으로 잉태되어
동정녀 마리아에게서 나셨습니다.

문6. 예수님의 죽음에는 대제사장, 백성의 장로들, 가룟 유다가 깊이 관여하고 있습니다. 그러나 예수님의 사형을 집행한 자는 이방인이었습니다. 또한 예수님의 죽음은 하나님의 뜻이었습니다(사 53:4-6). 하나님의 뜻은 예수님의 죽음을 통해 우리의 죗값을 대신 치루시고 구속하시는 것입니다(히 9:12; 벧전 3:18-20). 하나님은 예수님을 사람의 모양으로 이 땅에 보내시고, 낮추시고, 죽기까지 복종하게 하셨습니다(빌 2:8). 예수님께서는 순종하심으로 화목제물이 되어 하나님과 우리의 관계를 회복시키셨습니다(요일 4:10; 요일 2:2; 5:8-11; 고후 5:18-21). 예수님의 사형을 집행한 자는 누구이며 어떻게 죽으셨습니까?

답: 본디오 빌라도에게 고난을 받아
십자가에 못 박혀 죽으셨습니다.

문7. 예수님께서는 안식일 전인 금요일 오후에 죽으셔서 안식일 후 첫날인 일요일 새벽에 부활하셨습니다(눅 24:20-23; 고전 15:3-4). 예수님의 부활은 성경의 예언과 자신의 약속을 성취하신 것입니다(마 12:40; 16:21; 17:9, 23; 20:19; 막 8:31; 9:31; 10:34; 눅 9:22; 18:33; 요 2:19). 부활하신 예수님께서 사람들에게 자신을 보여주셨습니다(마 28:8-20; 막 16:9-20; 눅 24:13-35, 50-53; 요 20:14-29; 행 1:6-12; 7:55; 9:3-6; 고전 15:5, 7-8; 계 1:13-18). 예수님께서는 며칠 만에 다시 살아나셨습니까?

답: 예수님은 장사된 지 사흘 만에
죽은 자 가운데서 다시 살아나셨습니다.

문8. 예수님께서는 부활의 첫 열매이십니다(고전 15:20; 고전 15:43-52). 예수님께서 죽은 자 가운데서 부활하신 것처럼, 우리도 부활할 것입니다(행 17:31; 엡 2:5). 부활하신 예수님께서는 다시 죽지 아니하실 것이고, 죽음도 다시 예수님을 주장하지 못 합니다(롬 6:9). 예수님의 부활은 예수님께서 누구이신지를 선포합니까(행 13:33; 롬 1:4)?

**답: 예수님의 부활은 예수님께서
하나님의 아들이심을 선포합니다.**

문9. 부활하신 예수님께서는 40일 동안 선지자로서 제자들에게 보이시며 하나님의 나라의 일을 말씀하시고(행 1:3), 우리의 처소를 예비하시기 위해서 하늘로 오르셨습니다(요 14:3; 눅 24:51; 행 1:9-11; 엡 4:8-10; 히 4:14; 9:24). 예수님께서 승천하실 때에 구름이 그분을 가렸으며(행 1:9), 영광 가운데 올라가셨습니다(딤전 3:16). 승천하신 예수님께서 하나님의 우편에 앉으셨습니다(막 16:19; 마 26:64; 행 2:35-36; 엡 1: 20; 히 1:3; 8:1; 10:12; 12:2 벧전 3:22; 계 4:2). 하나님의 우편의 예수님은 만왕의 왕(엡 1:21; 시 118:16; 행 5:31; 빌 2:9-11; 계 1:5, 5:11-12, 19:16)으로서 하늘과 땅을 통치하시고(벧전 3:22), 제사장으로서 우리를 위하여 간구하십니다(롬 8:34). 부활하신 예수님은 어디에 계십니까?

답: 부활하신 예수님은 하늘에 오르시어
아버지 하나님 우편에 앉아 계십니다.

문10. 예수님께서 다시 오실 것을 약속하셨습니다(행 1:11; 마 16:27; 24:30; 26:64; 살전 1:10; 4:16; 살후 1:7, 10; 약 5:7-8; 계 1:7). 재림하신 예수님께서 의인과 악인을 분리하실 것이며(고후 5:10; 마 25:31-33), 각 사람은 믿음의 행위대로 보상을 받게 될 것입니다(계 20:13; 마 25:3-46; 히 9:27). 믿는 자는 영원한 천국에, 믿지 않는 자는 영원한 지옥에 가게 됩니다(계 20:15). 예수님께서 하나님 우편으로부터 재림하시는 목적은 무엇입니까(마 13:40, 49; 마 11:22; 행 10:42; 딤후 4:1; 벧전 4:5; 계 20:12)?

답: 예수님께서는 살아 있는 자와
죽은 자를 심판하러 오십니다.

3. 나는 성령하나님을 믿습니다

문1. 성령은 성부와 성자에게서 나오셨지만(요 14:16; 15:26; 행 2:33), 성부, 성자와 동일 본질을 가지신 참된 하나님이십니다(마 28:19; 고후 13:13). 성령님은 하나님의 일부가 아니라 하나님이십니다(행 5:3-4). 성령하나님은 본질상 하나님이시지만, 성령하나님은 성부, 성자와의 위격(person)적 관계에서 제3위이십니다. 이것은 삼위일체 하나님의 존재방식입니다. 성령님께서 그 존재와 영광과 능력에 있어서 성부, 성자와 동등(시 139:7; 고전 2:10)하시다는 것은 성령하나님의 무엇에 대한 고백입니까?

답: 성령하나님의 존재에 대한 고백입니다.

문2. 성령은 만물을 거룩하게 하십니다. 성령은 하나님의 영(롬 8:9; 고전 3:16; 6:11; 엡 4:30)으로서 성부, 성자와 함께 이 세상을 창조하셨습니다(창 1:1-2; 욥 33:4; 시 104:30). 성령님은 예수님의 영(행 16:7), 그리스도의 영(롬 8:9), 하나님의 아들의 영(갈 4:6)으로서 그리스도를 증거하고(요 15:26), 그리스도의 영광을 나타내고(요 16:13-14), 그리스도께서 말씀하신 모든 것을 생각나게 하십니다(요 14:26). 또한 진리의 영(요 14:17; 15:26), 양자의 영(롬 8:15;

갈 4:6)으로서 성령은 계시하시고(막 13:11; 눅 2:26; 행 13:2; 21:11; 딤전 4:1; 계 2:7), 성경의 궁극적인 저자이시고(벧후 1:20–21), 신자를 위로부터 거듭나게 하시고(요 3:5), 보혜사로서 신자의 마음에 내주하시고(요 14:16; 고후 1:22; 갈 4:6; 딤후 1:4; 요일 4:13), 신자의 연약함을 도우시고(롬 8:26), 은사를 주시고(고전 12:8–10), 복음을 전할 수 있는 능력을 주십니다(행 1:8). 이것은 성령하나님의 무엇에 대한 고백입니까?

답: 성령하나님의 사역에 대한 고백입니다.

문3. 공(公)교회는 전 세계의 모든 성도들과 모든 세대의 성도들을 하나로 통칭하는 말입니다(고전 1:2). 교회가 보편적일 뿐 아니라 거룩한 이유는 하나님의 백성(롬 9:24–26; 고후 6:16; 살후 2:13)으로 구성된 머리이신 예수 그리스도의 몸(롬 12:4–5; 고전 12:27; 엡 1:22–23; 골 1:18; 2:9–10)으로서 성령의 종말론적인 공동체(행 2:14–21; 욜 2:28–32; 고전 3:16)이기 때문입니다. 특별히 성령님의 사역과 관련되어 오순절 성령 강림 사건으로 세례를 받은 사람들이 세운 교회는 어떤 교회입니까(행 2:38–42; 행 2장)?

답: 사도의 가르침을 받고, 서로 교제하고 성찬을 나누고,
기도하는 교회입니다.

문4. 성령님은 교회 안에서 서로의 다름을 극복하고 성도의 교제(고전 12:13)를 가능하게 하십니다. 첫째는 세례와 성찬이라는 성례전을 통한 교제입니다. 둘째는 성도간의 연합을 통한 교제입니다. 성령님은 그리스도와 성도를 연합시키고, 성도 상호간에 연합시키십니다. 성령님은 성도의 교제라는 두 차원을 통해서 어떤 사역을 하십니까(롬 8:9; 요 15:4; 롬 8:9; 고전 6:17, 12:13; 요일 4:13)?

답: 성령님은 교회를 연합시키는 사역을 하십니다.

문5. 인간은 하나님의 형상으로 창조(창 1:27)되었으나 불순종함으로 범죄 하게 되었고(창 3장), 죄의 결과로 하나님과 분리된 인간(창 3:24; 롬 3:23)은 죄의 지배를 받다가(롬 6:12) 사망에 이르게 되었습니다(롬 5:12). 하나님은 인간의 죄를 용서하시기 위하여 예수님을 이 땅에 보내셨습니다. 예수 그리스도는 십자가의 죽음에 이르기까지 하나님께 완전히 순종하심으로 하나님의 공의를 충분히 만족시키셨습니다. 우리는 누구 안에서 죄 용서함을 받았습니까(엡 1:7; 마 9:6; 26:28; 막 2:20; 눅 24:47; 행 10:43; 롬 5:18; 6:10; 고후 5:21; 골 1:14; 2:13; 딛 2:14; 히 9:22, 28; 벧전 2:24; 요일 1:7, 9; 2:2, 12)?

답: 우리는 예수 그리스도 안에서 죄의 용서함을 받았습니다.

문6. 성령님은 말씀을 통해 죄를 깨닫게 하시고(롬 3:20), 회개(요일 1:9; 시 32:5; 막 1:4; 행 5:31)하도록 이끄시는 하나님의 은혜(롬 2:4)에 응답하는 우리를 그리스도께로 인도하여 믿음으로 말미암아 의롭다고 인정받게 하십니다(갈 3:24). 이것은 하나님께서 예수 그리스도로 말미암아 죄인을 용서하셨다는 사법적인 선언으로서 죄인인 인간이 믿음으로 받게 되는 칭의(稱義)의 은혜입니다. 칭의의 목표는 성결입니다(히 12:14). 하나님은 죄를 용서 받은 성도가 거룩한 삶을 살기 원하십니다(살전 4:3). 이것을 깨닫게 하시는 분은 누구입니까?

답: 성령하나님이십니다.

문7. 예수 그리스도는 부활의 첫 열매이십니다. 예수님을 주로 고백하는 우리도 훗날 죽은 자 가운데서 살아날 것을 믿습니다(요 11:25; 고전 6:14; 15:13, 15:51-52; 계 22:5). 부활한 몸은 육체와 영혼의 재결합이 아니라 새롭게 창조된 신령한 몸입니다(마 22:30; 고전 15:44). 인간 안에 불멸의 무엇이 있는 것이 아닙니다. 영생은 하나님께서 종말론적인 구원의 완성으로 인간에게 주시는 것입니다. 예수 그리스도를 구주로 믿고 영접한 성도는 하나님과 함께 하는 삶으로써 영생을 얻게 되고(요 3:16, 요 3:36, 6:40, 20:31), 하나님의 나라에서 영생을 누리게 됩니다(요 5:24; 10:28; 요일 2:17).
이것에 대한 우리의 신앙고백은 무엇입니까?

답: 몸의 부활과 영생을 믿습니다.

문8. 사도신경은 "아멘"으로 마무리합니다. 사도신경은 신앙고
백이기 때문입니다. 성경은 하나님께서 천지를 창조하실 때 말씀
하신 것처럼 "그대로 되니라"(창 1:7; 9, 11, 15, 24)를 반복합니다.
예수님께서 육신이 되어 오신 것도(빌 2:8), 십자가에서 죽음의 잔
을 마신 것도(마 26:39) 재림 예수를 기다리는 교회 공동체가 "내가
진실로 속히 오리라"라는 예수님의 약속에 "아멘 주 예수여 오시옵
소서"(계 22:20)라고 응답하는 것도 '아멘'의 응답입니다. 교회 공동
체는 재림의 소망을 담아 세례 받을 때부터, 세례 받은 후 모든 예
배와 삶의 자리에서 하나님의 은혜와 사역에 대하여 '아멘'으로 응
답하는 공동체입니다. '아멘'은 무슨 뜻입니까?

답: 아멘은 "그대로 이루어지이다."라는 뜻입니다.

✝

4장

주기도문으로
기도를 해 봅니다

문1. 예수님께서는 제자들에게 기도의 본을 보여주셨습니다. 예수님께서는 한적한 곳에서(눅 5:16) 기도하시고, 새벽(막 1:35)이나 밤이 새도록(마 26:36; 막 14:32) 기도하셨습니다. 예수님께서 기도를 가르쳐 달라는 제자들에게 가르쳐준 기도가 무엇입니까(눅 11:1)?

답: 주기도문입니다.

문2. 초대교회 교부 테르툴리아누스는 주기도문이 "모든 복음의 요약"이라 하였고, 신학자 토마스 아퀴나스는 주기도문이 "가장 완벽한 기도"라고 하였습니다. 주기도문은 예수 그리스도의 인격, 사역, 교훈의 요약으로서 우리가 무엇을 믿고 행할 것인가를 가르쳐 줍니다. 예수 그리스도의 기도 명령은 '주기도문으로 기도하라'와 '주기도문처럼 기도하라'는 이중의 의미가 담겨 있습니다. 초대교회 성도들은 주기도문으로 어떻게 기도했습니까?

답: 주기도문을 하루 세 번 기도했습니다.

1. 부름

문1. 하나님은 "하늘에 계신"분이십니다. 하늘은 하나님의 존재 양식으로서 하나님의 거룩성, 전능성, 초월성의 표현입니다(전 5;2). 또한 창조(신 32:6; 사 64:8; 말 2:10)와 구속(출 4:22; 신 14:2) 의 하나님은 우리의 아버지이십니다. 예수님께서는 하나님을 어린 아이처럼 '아빠(abba) 아버지'라고 부르셨습니다(막 14:36). 이와 같이 우리가 전능하신 하나님께 깊은 신뢰감을 바탕으로 하나님을 부르는 청원은 무엇입니까?

답: "하늘에 계신 우리 아버지"입니다.

2. 하나님을 향한 청원

문1. 하나님 아버지의 이름은 아버지 자신을 말합니다. 하나님의 이름은 그 존재의 속성과 기능을 표현하기 때문입니다. 하나님의 이름은 하나님의 거룩함으로 드러내고, 하나님께서 존경 받으시기에 합당하신 분이라는 것을 가리킵니다. 예수님께서 가르쳐주신 첫 번째 기도는 우리가 거룩하신 하나님을 거룩하신 분으로 알아보고, 존경하며, 공경할 수 있도록 해 달라는 기도입니다. 예수님께서 가르쳐 주신 하나님을 향한 첫 번째 청원은 무엇입니까?

**답: 하나님을 향한 첫 번째 청원은
"아버지의 이름을 거룩하게 하시며"입니다.**

문2. 하나님의 나라는 '하나님의 통치'를 뜻하는 말로써(시 145:11, 13), 먹고 마시는 일이 아니라 성령 안에서 누리는 의로움과 평화와 기쁨입니다(롬 14:17). 하나님께서 약속하신 나라(단 2:44; 7:13)는 예수 그리스도를 통해 이루어졌습니다. 예수님께서는 하나님의 나라를 '이미' 지상에 가져오셨습니다(막 1:15). 하나님의 통치가 '이미' 역사 속에서 시작된 것입니다. 그러나 '아직' 하나님의 나라는 완전히 실현되지 않았습니다. 하나님의 나라의 완성은 미래에 있습니다. 그래서 예수님께서는 우리에게 하나님의 나라가 속히 임하기를 기도하라고 가르쳐 주십니다(계 22:20). 예수님께서 가르쳐 주신 하나님을 향한 두 번째 청원은 무엇입니까?

답: 하나님을 향한 두 번째 청원은
"아버지의 나라가 오게 하시며"입니다.

문3. "아버지의 뜻"은 인간을 구원하기 위한 하나님의 모든 섭리와 계획을 말합니다(마 18:4, 14; 요 6:39). 아버지의 이름이 거룩히 여김을 받으시고 아버지의 나라가 오시면, 결과적으로 아버지의 뜻은 이루어집니다. 하늘은 사탄의 추방으로 인해(계 12:7-12) 하나님의 뜻이 방해받지 않게 되었습니다. 이처럼 땅에서도 하나님의 뜻이 이루어진다는 것입니다. 예수님께서 가르쳐 주신 하나님을 향한 세 번째 청원은 무엇입니까?

답: 하나님을 향한 세 번째 청원은
"아버지의 뜻이 하늘에서와 같이
땅에서도 이루어지게 하소서"입니다.

3. 사람을 향한 청원

문1. "오늘 우리에게"는 삶의 필요에 대한 기도가 그날에 국한된다는 사실을 강조합니다. "일용할 양식"은 의미상 인간의 생존에 필요한 영과 육을 포함하는 모든 양식을 말합니다. 예수님께서는 배고픈 사람을 먹이셨으며(요 6:9), 영의 양식을 강조하기도 하셨습니다(요 6:35). 성찬은 이러한 거룩한 식탁 교제를 재현하는 것입니다. 예수님께서 가르쳐 주신 사람을 향한 첫 번째 청원은 무엇입니까?

**답: 사람을 향한 첫 번째 청원은
"오늘 우리에게 일용할 양식을 주시고"입니다.**

문2. 죄의 용서에 관한 기도는 "서로 용서하기를 하나님이 그리스도 안에서 너희를 용서하심과 같이 하라"(엡 4:32)의 말씀 아래 해석해야 합니다. 우리를 먼저 사랑하신 하나님은 우리를 용서하시고, 우리도 용서하기를 원하십니다. 누군가에게 잘못한 사람은 그에게 '빚'(마 6:12) 또는 '죄'(눅 11:4)를 지은 것입니다. 예수님께서는 잘못을 용서할 때, 잘못한 시점부터 용서하는 순간까지 완전한 죄의 용서, 빚의 탕감, 부채의 소멸을 말씀하십니다. 이와 같이 예수님께서 죄 용서를 가르쳐주신 사람을 향한 두 번째 청원은 무엇입니까?

답: 사람을 향한 두 번째 청원은
"우리가 우리에게 잘못한 사람을 용서하여 준 것같이
우리 죄를 용서하여 주시고"입니다.

문3. 우리는 예수 그리스도의 제자이기 때문에 유혹을 당하거나 하나님의 나라의 일을 하기 때문에 시험에 빠질 수 있습니다. 이때 시험 가운데서 시험의 희생물이 되지 않도록 기도해야 합니다. 우리는 악한 자 즉 사탄과 사탄의 세력으로부터 지속적으로 구해달라고 기도합니다. 개인적인 결심만으로는 시험을 극복하기 어렵습니다. 예수님께서 가르쳐 주신 사람을 향한 세 번째 청원은 무엇입니까?

답: 사람을 향한 세 번째 청원은
"우리를 시험에 빠지지 않게 하시고, 악에서 구하소서"입니다.

4. 송영

문1. 예수님께서는 그의 생애와 죽음과 부활을 통해 '이미' 사탄의 세력을 분쇄하셨습니다. 이제 나라와 권세와 영광은 하나님의 것이 되었으며, 이 모든 것은 앞으로도 하나님의 권한에 영원히 속한 것입니다. 이것이 주기도문의 마지막을 송영으로 고백하는 이유입니다. 송영은 오직 삼위일체 하나님께만 영원토록 영광을 돌리고는 장엄한 찬미입니다. 송영이 끝나고 우리는 아멘으로 기도를 마칩니다. 아멘은 믿음의 동의입니다. 우리가 드린 기도를 그대로 받아들여 실천하며, 그대로 이루어지기를 간절히 원한다는 의지를 표명하는 것입니다. 예수님께서 가르쳐 주신 주기도문의 마지막 구절인 송영과 동의는 무엇입니까?

**답: "나라와 권능과 영광이
영원히 아버지의 것입니다. 아멘."입니다.**

5장

십계명을 배웁니다

1. 십계명

문1. 구약성경의 언약법(출 21–23장), 성결법(레 17–26장), 제사법과 신명기법(신 12–26장) 등 많은 법을 집약하고 대표하는 법으로서 하나님이 직접 말씀하신 유일한 법은 무엇입니까(출 20:1, 22)?

답: 십계명입니다.

문2. 십계명의 서언 "나는 너를 애굽 땅, 종 되었던 집에서 인도하여 낸 네 하나님 여호와니라"(출 20:2)라는 말씀은 이스라엘 백성의 구원은 율법을 잘 지켜서가 아니라 순전히 하나님의 은혜라는 것을 설명합니다. 따라서 십계명은 율법으로 구원을 얻기 위한 구원법이 아니라 하나님의 거룩한 백성이 되기 위한 성민법입니다. 십계명을 주신 목적은 무엇입니까?

**답: 구원받은 이스라엘 백성이
하나님의 백성답게 살도록 주신 것입니다.**

문3. 율법은 우리에게 죄로 말미암아 하나님과의 관계가 깨어졌음을 알려줍니다(롬 3:20). 또한 율법의 계명들은 그리스도인에게 남아 있는 죄악의 습관들을 끊어 버리고, 불순종에서 돌이켜 하나님의 말씀에 순종하라고 명령합니다. 이것은 내 의지가 아니라 성령님을 따라 우리 삶의 규범을 지켜 나가는 삶을 말합니다(롬 8:4). 이 같이 율법이 우리를 그리스도께로 인도하는 초등교사라는 뜻은 무엇입니까(갈 3:24)?

**답: 우리는 율법으로 죄인 됨을 깨닫고
하님의 은혜를 구하며 예수 그리스도를 믿음으로 말미암아
의롭다 함을 얻게 된다는 것입니다.**

문4. 모세오경에는 "~을 하지 말라"는 부정명령 248개와 "~을 하라"는 긍정명령 365개, 총 613개입니다. 예수님께서 이것을 이중 계명으로 간단히 정리해 주셨습니다. 이 두 가지 계명은 무엇입니까(마 22:38-39; 막 12:30-31; 눅 10:26-27)?

답: 하나님 사랑과 이웃 사랑입니다.

▲ 2. 하나님에 대한 계명

문1. 하나님은 다른 신들의 존재여부와 상관없이 하나님의 백성은 하나님만을 섬겨야 한다고 말씀하십니다. "하나님 앞에 마주 선다"는 것은 하나님과 나 사이에 다른 신들이 끼어들지 않은 예배 상황을 말합니다. 우상숭배를 금하는 십계명의 첫째 계명은 무엇입니까(출 20:3)?

**답: 첫째 계명은
"너는 나 외에는 다른 신들을 네게 두지 말라"입니다.**

문2. 하나님은 온 세상 무엇으로도 여호와 하나님의 형상화를 금지하십니다(출 20:23). 하나님을 형상화하는 것은 하나님을 마음대로 조종하고자 하는 시도이기 때문입니다. 하나님뿐 아니라 다른 어떤 형상도 안 됩니다. 여호와는 질투하는 하나님으로서 마땅히 받으셔야 할 영광과 찬송을 결코 빼앗기지 않으십니다(사 42:8). 하나님은 벌을 주신다면 당대(삼사 대)의 한 가족으로 제한하시고 복은 최대한 많이 주십니다(시 30:5). 죄와 벌은 대물림되지 않습니다. 그러나 복과 은총은 계속 됩니다. 세상 무엇으로도 하나님의 형상화를 금하는 십계명의 둘째 계명은 무엇입니까(출 20:4-6)?

답: 둘째 계명은
"너를 위하여 새긴 우상을 만들지 말고
또 위로 하늘에 있는 것이나
아래로 땅에 있는 것이나 땅 아래 물속에 있는 것의
어떤 형상도 만들지 말며 그것들에게 절하지 말며
그것들을 섬기지 말라 나 네 하나님 여호와는
질투하는 하나님인즉 나를 미워하는 자의 죄를 갚되
아버지로부터 아들에게로 삼사 대까지 이르게 하거니와
나를 사랑하고 내 계명을 지키는 자에게는
천 대까지 은혜를 베푸느니라"입니다.

문3. 하나님의 이름에는 하나님의 존재와 속성이 담겨 있기에 여호와 하나님의 이름을 오용, 남용, 도용하지 말아야 합니다. 이것은 하나님의 이름을 부르지 말라는 뜻이 아닙니다. 예수님께서는 여호와 하나님을 "아빠 아버지"라고 부르십니다. 우리는 예수 그리스도를 따라 하나님의 이름을 부를 수 있습니다(롬 10:13). 여호와 하나님의 이름을 헛되이 부르지 못하도록 금하시는 십계명의 셋째 계명은 무엇입니까(출 20:7)?

답: 셋째 계명은

"너는 네 하나님 여호와의 이름을 망령되게 부르지 말라
여호와는 그의 이름을 망령되게 부르는 자를
죄 없다 하지 아니하리라"입니다.

문4. 출애굽기에서 안식의 근거는 창조주의 쉼에 참여하는 것입니다(출 20장). 신명기에서는 안식일의 근거가 하나님께서 애굽 땅에서 종살이 하던 히브리인들을 해방시키셨음을 기억하는 것입니다(신 5장). 하나님은 안식일이 거룩한 날, 곧 하나님께 속한 날이라고 선언하십니다. 이 날을 지키는 것은 모든 사람과 피조물이 하나님 앞에서 쉬는 것입니다. 예수님께서 안식일이 사람을 위해 있다고 말씀하셨습니다(막 2:27). 안식일에 일을 금하시는 십계명의 넷째 계명은 무엇입니까(출 20:8-11)?

답: 넷째 계명은
"안식일을 기억하여 거룩하게 지키라
엿새 동안은 힘써 네 모든 일을 행할 것이나
일곱째 날은 네 하나님 여호와의 안식일인즉
너나 네 아들이나 네 딸이나 네 남종이나
네 여종이나 네 가축이나 네 문안에
머무는 객이라도 아무 일도 하지 말라

이는 엿새 동안에 나 여호와가 하늘과 땅과 바다와
그 가운데 모든 것을 만들고 일곱째 날에 쉬었음이라
그러므로 나 여호와가 안식일을 복되게 하여
그 날을 거룩하게 하였느니라"입니다.

문5. 안식일이 유대인을 구별해 주듯이 일요일은 그리스도인을 구별해 주는 날입니다. 일요일은 예수님께서 부활하신 복되고 거룩한 날로서 "주의 날"(계 1:10)입니다. 이 날은 예수님을 그리스도로, 주로 고백하는 그리스도인에게 새롭게 되는 재창조의 날이요, 죄로부터 해방된 구원의 날입니다. 성도는 주일에 성령 안에서 예배를 드리며 쉼과 힘을 얻습니다. 예수님의 부활로 말미암아 예배의 날이 된 이 날은 무엇입니까?

답. 주일입니다.

3. 사람에 대한 계명

문1. 하나님은 부모를 중요한 분으로 대하라 말씀하십니다. 하나님은 부모를 통해 자식에게 생명을 주셨습니다. 자식은 부모를 지속적으로 봉양해야 합니다. 하나님은 이 계명을 지키는 자에게 천 대까지 은혜를 베푸시겠다고 약속하셨습니다. 십계명의 다섯째 계명은 무엇입니까(출 20:12)?

답: 다섯째 계명은
"네 부모를 공경하라 그리하면 네 하나님 여호와가
네게 준 땅에서 네 생명이 길리라"입니다.

문2. 하나님은 불법적인 죽음, 불필요한 살생을 금하십니다. 생명존중을 가르치는 십계명의 여섯째 계명은 무엇입니까(출 20:13)?

답: 여섯째 계명은
"살인하지 말라"입니다.

문3. 하나님은 결혼한 배우자가 다른 사람과 성적인 관계를 맺는 것을 금하십니다(레 8:20; 20:10; 신 22:22; 호 4:13; 겔 16:22; 마 1:19-20, 24). 간음은 거룩한 결혼과 가정을 위협하기 때문에 중대한 죄로 간주됩니다. 간음은 하나님, 자신의 육체, 배우자, 불륜 상대, 불륜 상대의 배우자에게 악영향을 끼칩니다. 따라서 간음하는 자는 하나님의 나라를 유업으로 받지 못합니다(고전 6:9-10; 히 13:4). 결혼의 소중함을 가르치는 십계명의 일곱째 계명은 무엇입니까(출 20:14)?

답: 일곱째 계명은
"간음하지 말라"입니다.

문4. 하나님은 인간, 물건 그 어느 것도 도둑질하지 말라고 하십니다. 구약에서 도둑질한 소는 5배, 양은 4배, 물건은 갑절을 배상해야 했습니다(출 22:1, 4). 구약에서 물건을 도둑질 했을 경우 신체적인 상해를 가하지는 않았습니다. 그러나 사람을 도둑질한 경우에는 "반드시 죽이라"하십니다(출 21:16; 신 24:7). 창조주 하나님이 모든 것의 주인이심을 가르쳐주는 십계명의 여덟째 계명은 무엇입니까(출 20:15)?

**답: 여덟째 계명은
"도둑질하지 말라"입니다.**

문5. 이스라엘은 성문(신 21:19; 암 5:10)이나 성소(렘 26:10; 삼상 7:16)에서 재판했습니다. 사형을 선고하는 재판일 경우 증인이 둘 이상 있어야 했습니다(신 17:6). 이 재판과정에서 증인의 말은 절대적으로 중요합니다. 하나님은 거짓 증인의 경우 제거하라 명령 하십니다(신 19:18-19). 그리스도인에게 진리의 편에 서라는(요삼 1:3) 십계명의 아홉째 계명은 무엇입니까(출 20:16)?

**답: 아홉째 계명은
"네 이웃에 대하여 거짓 증거하지 말라"입니다.**

문6. 하나님은 자기의 유익을 위하여 어떤 사람이나 물건을 탐내지 말라고 말씀하십니다. 이웃의 소유물을 탐내는 것은 제 8계명과 중복되고, 이웃의 아내를 탐내는 것은 제 7계명과 중복됩니다. 따라서 제 10계명의 말씀은 구체적인 행위가 일어나기 이전의 인간 내면에 있는 탐욕과 탐심 자체를 금하는 말씀입니다. 탐욕이란 선한 욕망과 구별되는 타락한 욕망으로서 금지된 것을 원하는 욕망입니다. 탐심은 만족을 모르는 채워지지 않는 마음입니다. 따라서 탐욕과 탐심은 인간이 범하는 모든 죄악의 출발점이 됩니다. 그리스도인의 자족하는 삶을 가르치는 십계명의 열 번째 계명은 무엇입니까(출 20:17)?

답: 열째 계명은
"네 이웃의 집을 탐내지 말라
네 이웃의 아내나 그의 남종이나 그의 여종이나
그의 소나 그의 나귀나
무릇 네 이웃의 소유를 탐내지 말라"입니다.

†

6장

사중복음을 배웁니다

문1. 기독교의 초석은 예수 그리스도의 복음입니다(막 1:1). 기독교대한성결교회의 설립목적이며 사명으로써 복음을 중생, 성결, 신유, 재림의 네 가지 측면에서 설명한 것은 무엇입니까?

답: 사중복음입니다.

문2. 사중복음은 성경과 초대교회의 전통에 근거하고, 종교개혁자, 복음주의자, 만국성결교회, 동양선교회를 통해 한국성결교회에 전해졌습니다. 사중복음은 초대교회 어거스틴, 루터, 칼뱅, 존 웨슬리, 심프슨, 카우만 부부, 길보른, 나까다 쥬지, 사사오 데스싸브로, 김상준, 정빈에 이르기까지 다양한 인물들과 단체 그리고 시대사조가 어우러져 전수, 통합, 발전되었습니다. 기독교대한성결교회의 신앙의 근간이 되는 신학적 선언은 무엇입니까?

답: 개신교 복음주의 웨슬리안 사중복음입니다.

1. 중생의 전통교의는 이신득의입니다

문1. 주 예수께서 니고데모에게 거듭나지 아니하면 하나님의 나라를 볼 수 없다고 가르치신 것으로써 기독교의 입문이며, 천국시민의 자격을 갖추는 유일한 도리이고, 영으로 일어나는 일로써 신비에 속한 영적 변화이며, 모든 사람이 자기의 죄를 회개하고, 십자가에 달려 속죄의 피를 흘리신 예수 그리스도를 믿을 때, 성령의 역사로 새 생명을 얻어 그 사람의 심령과 인격 전체에 근본적 일대 변혁을 일으키는 천국복음은 무엇입니까?

답: 중생입니다.

문2. '중생'은 개인의 거듭남과 만물의 새롭게 됨을 의미합니다(딛 3:5; 마 19:28). 중생은 '위로부터(아노센) 나다'(요 3:3), '물과 성령으로 거듭나다'(요 3:5, 7), '하나님에게서 난다'(요 1:13; 요일 3:9, 4:7, 5:1), '사망에서 생명으로 옮기다'(요 5:24; 요일 3:14), '중생의 씻음'(딛 3:5)을 의미합니다. 성경의 개념들이 의미하는 중생은 무엇입니까(고후 5:17)?

답: 중생은 성령이 신자 안에서 인격적으로 작용하시는 것으로 하나님에게서 나는 새 출생과 새 창조입니다.

문3. 종교개혁자 마틴 루터는 '오직 믿음'(sola fide)으로 의롭게 되며, 인간의 공로(선행)로는 구원에 이를 수 없다고 했습니다. 이 믿음으로 말미암아 하나님은 죄인을 구원 하십니다. 존 웨슬리는 "의인은 믿음으로 말미암아 살리라"(롬 1:17)는 말씀에서 구원의 진리를 발견했습니다. 동양선교회의 길보른은 "죄를 회개하고 예수를 믿는 모든 사람에게 하나님께서 값없이 주시는 것"을 중생이라고 했습니다. 동양선교회의 나까다 쥬지는 중생을 '신생'이라 말하며, "영적인 새 영을 부여받음"(요 3:3-7, 5:21; 고후 5:17; 엡 1;1)이요 성령의 사역을 통해 의롭게 새 사람으로 만들어진 영적인 변화라고 했습니다. 성결교회의 중생에 대한 전통교의는 무엇입니까?

답: 이신득의(以信得義, justification by faith)입니다.

문4. 중생의 결과는 법적으로 칭의, 내면의 실제적 변화로서의 신생, 그리고 관계적 변화로서의 양자됨을 포함하는 삼위일체 하나님께서 주시는 구원의 은혜입니다. 중생을 통해서 인간은 자범죄(행위의 죄)를 사함 받게 됩니다. 이후, 중생을 경험한 성도는 더 깊은 은혜인 무엇을 사모하며 나아가야 합니다.

답: 성결입니다.

문5. 성결교회는 중생을 경험하기 위한 다음의 방법을 제시합니다. 첫째, 말씀입니다(벧전 1:23), 둘째, 성령의 역사입니다(요 1:13), 셋째, 예수님의 십자가의 보혈의 공로입니다. 넷째, 회개와 회개의 합당한 열매입니다(눅 19:8-9; 눅 15:17-18). 다섯째 믿음입니다. 이와 같은 방법으로 중생한 자의 외적 표지는 무엇입니까(요 3:5; 엡 5:26)?

답: 세례입니다.

2. 성결의 전통교의는 성령세례입니다

문1. 예수님께서 "요한은 물로 세례를 베풀었으나 너희는 몇 날이 못 되어 성령으로 세례를 받으리라"(행 1:5)라고 약속하셨습니다. 그리고 그 약속하신 대로 오순절에 제자들은 성령세례를 체험하였으니(행 2:1-4), 우리도 모든 사람을 중생으로 인도하고 중생한 처지에 있는 신자들은 다음으로 인도해야 합니다. 중생한 성도들이 추구해야 할 은혜로서 모든 사람으로 더불어 화평함과 거룩함을 좇게 하며, "이것이 없이는 아무도 주를 보지 못하리라"(히 12:14) 하신 말씀이 가리키는 것은 무엇입니까?

답: 성결입니다.

문2. 성결은 다양하게 표현됩니다. '성화'는 중생에서 영화에 이르는 전(全) 과정을 지칭하는 말입니다. '기독자의 완전'은 이미 기독교인이 된 사람이 온전한 기독교인이 되는 것입니다. '이차적 축복'은 칭의 이후에 오는 제2의 은총입니다. '현재적 구원'은 지금 여기서 얻을 수 있는 구원입니다. '온전한 구원'은 그리스도께서 우리의 죄책 뿐 아니라 우리의 부패성에서도 구원하신다는 것입니다. 이러한 용어들의 궁극적 의미는 하나님 형상의 회복입니다. 성결교회는 성결의 은혜가 중생 이후에 믿음에 의해서 순간적으로 이루어지는 무엇이라고 합니까?

답: 성결교회의 성결은 성령세례입니다.

문3. 성결의 은혜가 주어지면, 아담으로부터 유전된 '원죄의 부패성'에서 정결하게 되며, 하나님의 사역을 할 수 있는 능력'을 받습니다. 육체는 하나님이 원래 만드신 선한 것이지만 인간의 죄성, 곧 부패성은 인간의 타락 이후에 인간의 본성에 덧붙여진 것입니다. 아담의 타락으로 덧붙여진 죄성은 성령의 능력으로 제거할 수 있습니다. 인간의 죄성과 본성을 구분하는 성결교회의 성결 개념은 어떻게 형성되었습니까?

**답: 18세기 존 웨슬리의 전통을 거쳐
19세기 웨슬리안 성결운동에서 형성되었습니다.**

문4. 존 웨슬리는 죄를 내적인 죄와 외적인 죄로 나눕니다. 내적인 죄는 부패성이고, 외적인 죄는 자범죄입니다. 내적인 죄인 부패성은 죄악의 쓴 뿌리로서 자범죄의 원인이 됩니다. 따라서 신자가 죄를 짓지 않기 위해서는 부패성의 문제를 해결해야 합니다. 이 부패성을 해결하는 것은 무엇입니까?

답: 성결의 은혜입니다.

문5. 성령세례는 초자연적인 성령의 체험으로 순간적으로 주어지며, 성장해 나간다는 의미에서 점진적입니다. 이명직에 따르면, 성령세례는 말씀으로, 성신으로, 예수의 보혈로, 기도함으로, 믿음으로 받을 수 있습니다. 그러나 성결의 체험 이후에도 인간은 무지, 연약성 등을 가지고 있기 때문에 언제든지 다시 타락할 가능성이 있으므로 항상 깨어 있어서 하나님의 은혜 가운데 성장해야 합니다. 하나님의 은혜 중에 실천하는 성결은 무엇입니까?

답: 사랑입니다.

3. 신유의 전통교의는 질병치유입니다

문1. 신자는 하나님의 보호로 항상 건강하게 지내며, 병들었을 때에 하나님께 기도함으로 나음을 얻습니다. 주 예수께서 모든 신자들에게 이적이 따를 것을 언명하였으니(막 16:17-18) 병 낫기 위하여 기도한다든가 안수하는 일은 당연한 특권입니다. 그렇다고 해서 의약을 부인하는 것은 아닌 우리 육신을 안전하게 하는 복음은 무엇입니까?

답: 신유입니다.

문2. 구약성경의 치유는 인간의 육체적, 영적인 질병을 해결하여 '샬롬'의 상태로 되돌리는 것입니다. 샬롬은 인간이 타락하기 이전의 하나님의 형상으로 재창조되는 것입니다. 예언자 이사야는 질병도 없고, 신체장애나 더 이상 죽음의 방해를 받지 않을 날이 올 것이라고 선포합니다(사 35:5-6, 65:19-20). 이러한 치유의 선언은 신약성경에서 예수님의 도래와 함께 실현되었습니다. 신유는 하나님께서 병든 개인의 영혼과 육체뿐 아니라, 무엇까지 회복시키는 복음입니까(롬 8:19-23; 딤전 2:1)?

답: 신유는 사회와 전 지구적 생태계를 회복시키시는 복음입니다.

문3. 예수님의 치유는 몸의 건강뿐 아니라 사회적인 회복까지 포함합니다(눅 5;12-26). 더 나아가 죄 사함이라는 궁극적인 구원의 문제, 즉 하나님과의 관계 회복을 가능하게 합니다. 예수님은 궁극적으로 죄 사함을 통해 영적이고 육체적인 완전한 구원을 제공하는 유일한 구원자입니다. 예수님의 치유사역의 특징은 무엇입니까?

**답: 예수님의 치유사역의 특징은
인간 구원을 위한 '말씀 선포'와 병행한 것입니다.**

문4. 중생이 구원의 첫 단계이고, 재림이 마지막 단계라면, 성결과 신유는 과정입니다. 중생이 나무의 튼튼한 뿌리라면, 성결은 아름다운 줄기이고, 신유는 무성한 잎이며, 재림은 풍성한 열매입니다. 중생, 성결, 신유 세 가지 복음이 유기적으로 연결되어 있습니다. 모든 인류에게 당면한 영과 혼과 육의 문제에 대하여 중생이 '본질적 생명'의 차원을, 성결이 '실존적 사랑'의 차원을 다룬다면, 신유는 '현실적 회복'의 차원을 다룹니다. 구원의 과정으로서 신유는 무엇과 연결되어 있습니까?

답: 신유는 불가불 중생, 성결의 복음과 연결되어 있습니다.

4. 재림의 전통교의는 성경적 천년왕국입니다

문1. 구약성경의 예언의 중심이 그리스도의 성육신이라면 신약성경의 중심은 그리스도의 재림입니다. 우리는 예수님께서 성경대로 공중(살전 4:16-18)과 지상(행 1:11)에 이중으로 재림하심을 믿습니다. 요한계시록은 마지막에 "내가 속히 오리라"라고 한 말씀을 세 번이나 계시하고 있습니다(계 22:7, 12, 20). 신앙생활의 요소이며(살전 3:13), 소망이요(살전 2:19-20), 경성(마 24:44; 25:13)이 되는 복음은 무엇입니까?

답: 재림의 복음입니다.

문2. 재림은 구약성경에서 주로 하나님의 오심이나(삿 5:4), 기름부음 받은 자의 오심과 관련하여 사용됩니다(창 49:10; 슥 9:9이하). 신약성경에서 재림은 부활과 연관되어 있습니다(살전 4:15; 고전 15:23). 재림의 시기는 예수님께서 아버지만 아시고 아무도 알 수 없다고 말씀하셨습니다(막 13:32). 분명한 것은 종말론적으로 주님과 결합되어(요 6:39이하; 11:24-26), "생각지 않은 때에"(마 24:44; 막 13:37) 오십니다. 예수 그리스도의 두 번째 오심은 첫 번째 오심과 다르게 영광에 오십니다. 재림의 주로 오시는 예수 그리스도는 우주를 새롭게 창조하십니다. 재림은 예수 그리스도의 우주적 정체성을 드러내는 사건입니다. 부활승천하신 예수님께서 하늘로 올라가신 그대로 다시 오신다는(행 1:9-11) 재림의 복음은 무엇을 가리킵니까?

답: 하나님의 나라의 도래를 가리킵니다.

문3. 예수님께서 재림하실 때 그리스도 안에서 죽은 성도가 먼저 일어나고(살전 4:16), 성도는 휴거하여 주님을 영접하고, 어린양 혼인 잔치에 참여하여(계 19:7-9) 항상 주와 함께 있을 것입니다(살전 4:17). 어린양 혼인 잔치 후 심판의 주께서 성도들과 함께 지상에 강림하시면(행 1:9-11), 거짓 그리스도는 멸망하고 천년왕국이 건설됩니다(계 20:4-6). 재림의 주님은 구원받은 성도를 맞이하시고(요 14:3; 히 9:28), 마귀의 세력을 멸절하시고, 정의의 왕국을 세우시고 다스리십니다. 예수님은 어느 시대 이전에 재림하십니까?

**답: 예수 그리스도는 천년 시대 이전에
재림하십니다(계 19:11-20:6).**

문4. 재림의 복음은 하나님께서 예수님을 이 땅에 보내셨던 것과 마찬가지로 하나님의 정하신 때에 아들 예수 그리스도를 이 땅에 다시 보내실 것이라는 객관적 사건에 기초합니다. 재림의 복음은 대 사회적 관계에서 미래와 현재 사이의 균형을 얻게 합니다. 재림의 복음은 그리스도인의 현실 문제에 어떤 영향을 미칩니까?

**답: 재림을 준비하는 그리스도인은
바른 사회생활을 하고, 하나님의 공의를 실현합니다.**

문5. 한국성결교회 교역자들은 일본의 제국주의적 식민지배하에서 "사상통제정책"에 따라 검거되었습니다. 1943년 5월 24일 교역자 200명, 장로와 집사 100여 명을 검거되었고, 동년 9월부터는 예배중지령이 내려졌고, 결국 1943년 12월 29일 강제 매각 당해 결국 해산되었습니다. 한국성결교회가 강제해산의 고통을 겪으면서도 지켜낸 교리는 무엇입니까?

답: 재림 교리입니다.

†
7장

세례란 무엇입니까?

1. 세례의 성경적 의미

문1. 기독교대한성결교회『헌법』에서 "주 예수는 하나님의 아들이요 우리 구주로 믿음과 죄 사함을 받아 하나님의 자녀됨을 증거하는 표가 되는 성례"는 무엇입니까?

답: 세례입니다.

문2. 하나님은 우리가 예수님 안에서 세례를 통하여 새 생명을 얻게 하십니다. 세례를 통하여 예수님과 연합한 사람은 예수님의 죽음뿐 아니라 부활에도 참여하는 자가 됩니다(롬 6:3-5). 위 성경에서 가르쳐 주는 세례의 주요 의미는 무엇입니까?

답: 세례는 예수 그리스도와 연합하는 것입니다.

문3. 세례를 받은 자는 모두 동일한 그리스도로 옷을 입은 것과 같습니다. 이것은 인종, 신분, 성별, 신분에 관계없이 그리스도로 말미암아 교회의 지체가 되는 것입니다(고전 12:13; 갈 3:27-28). 위 성경에서 가르쳐 주는 세례의 주요 의미는 무엇입니까?

답: 세례는 차별 없이 교회의 정교인이 되는 입교예식입니다.

문4. 원 세례의 모습은 흐르는 물에 완전히 담갔다가 물속에서 나오게 하는 방식이었습니다. 세례 받은 사람은 이제 막 그리스도인으로 태어난 것입니다. 성령은 세례를 통해서 우리를 거듭나게 하시고, 새롭게 하십니다(딛 3:5). 위 성경에서 가르쳐 주는 세례의 주요 의미는 무엇입니까?

답: 세례는 중생의 표지입니다.

문5. 세례를 받고자 하는 사람은 먼저 철저하게 자기 죄를 고백하고, 마음과 삶이 변화되어야 합니다(행 2:38). 위 성경에서 가르쳐 주는 세례의 주요 의미는 무엇입니까?

답: 세례는 죄를 씻는 것입니다.

문6. 인(sealing)을 치는 것은 보증하는 것입니다(고후 1:22). 교회는 수세자가 물에서 올라 온 후에, 이마에 기름으로 십자가를 그어 구원의 복음을 듣고 믿는 그리스도인이 되었다는 것을 성령께서 보증해 주신다는 의미로 인을 쳤습니다(엡 1:13-14).

답: 세례는 성령인침의 표입니다.

2. 세례의 역사적 의미

문1. 세례는 예수님께서 만드신 성례입니다. 예수님께서는 누구의 이름으로 세례를 주라 명령하셨습니까(마 28:19)?

답: 예수님께서 아버지와 아들과 성령의 이름으로 세례를 주라 말씀하셨습니다.

문2. 최초의 교회인 예루살렘 교회의 세례를 보여주는 사도행전 2장 37-42절의 말씀에 따르면, 세례는 네 가지 단계를 포함하고 있습니다. 첫째는 회개입니다. 둘째는 수세입니다. 셋째는 성령을 선물로 받는 것입니다. 마지막으로 첫 성찬에 참여하는 것입니다. 통합적인 세례는 물에 들어가는 순간만이 아니라 어느 과정까지 포함합니까?

답: 통합적 세례는 세례교육과정부터 첫 성찬에 이르기까지 전 과정을 포함합니다.

문3. 초대교회의 세례예비자과정은 개인적인 믿음을 키우는 단계로서 규칙적인 예배와 기도를 드리며, 옛날의 나쁜 습관들을 버리고 그리스도인다운 삶으로 점차 변화시키는 단계입니다. 초대교회는 이 단계를 매우 중요하게 여겨 3년 동안 가르쳤습니다. 세례예비자과정을 잘 마치고, 개인적인 믿음의 확신을 목회자에게 검증받은 자들이 세례후보자가 되었습니다. 세례예비자과정의 교육목표는 무엇입니까?

**답: 세례를 준비하면서 죄와 단절하고
하나님의 뜻대로 삶을 돌이키는 회개입니다.**

문4. 세례예비자과정을 잘 마치고, 개인적인 믿음의 확신을 확인받은 사람들은 사순절 기간(40일)에 교육을 받고 부활절에 세례를 받거나, 대림절-성탄절 기간(40일)에 교육을 받고 주현절에 세례를 받았습니다. 이때 세례후보자를 위한 교육내용은 모든 기독교 규범의 근원인 성경을 통해 교회의 신앙 규범으로 사도신경을 배웠고, 기도 규범으로 주기도문을 배웠고, 삶의 규범으로 십계명을 배웠고, 복음의 규범으로 사중복음을 배웠습니다. 이러한 세례교육과정의 목적은 무엇입니까?

답: 세례후보자에게 교회의 공적인 신앙의 규범을 가르치는 것입니다.

문5. 세례예전에서 수세 이전에 하나님께서 구속 사역에서 물을 사용하신 경우들을 열거함으로써 물이 인류의 구원과 심판에 동시적으로 사용되었음을 기억하고, 성령께서 이 물을 통하여 옛 사람을 심판하고 새 생명을 탄생시켜 주시기를 기도합니다. 이 기도의 구조는 창조와 구속 사역을 통하여 하나님께서 당신 자신을 계시해 주신 것을 감사하는 내용으로 시작하여, 세례를 주는 이 물에 성령께서 임재하심으로 성별하여 주시기를 간구하고, 이 물을 통하여 세례 받는 사람에게 이 성별의 역사가 효과적으로 임하기를 빈 후에 송영으로 마칩니다. 이 기도는 무엇입니까?

답: 물을 인한 기도입니다.

문6. 예수 그리스도(기름 부음을 받은 자)께서 물에서 올라오실 때 성령의 임재가 있었습니다. 기름 부음을 받은 자이신 그리스도 예수는 우리에게 기름을 부어 주시는 분이십니다(요일 2:22, 27).

기름 부음은 성령으로 인한 치유와 회복 그리고 죄의 권세를 이기는 강건함을 위하여 사용 되었습니다(약 5:14). 교회에서 기름 부음 또는 인침은 수세 이 후에 기름을 머리에 붓거나 이마에 십자 표시로 인을 치는 것이었습니다. 기름 부음 또는 인침 이후에 안수하는 상징행위가 의미하는 바는 무엇입니까?

답: 성령을 선물로 받는 것입니다.

문7. 중생하여 거듭난 신자가 세례를 받는 것은 하나님의 백성으로 신분과 소속의 변화가 이루어졌음 의미합니다. 하나님의 자녀가 된 수세자에게 하나님의 나라를 약속한다는 의미와 이제 막 그리스도 안에서 태어난 영적 신생아인 수세자가 그리스도의 장성한 분량에 이르기까지 자라도록 힘을 주는 영적 자양분을 의미하는 것으로서 왕의 식탁에 초대하는 것은 무엇입니까?

답: 성찬입니다.

3. 세례의 성례적 의미

문1. 기독교대한성결교회는 개신교 전통에 따라 예수님께서 직접 세우신 세례와 성찬만을 성례로 인정합니다. 교단 『헌법』에서 성례 중에 교인이 회개하여 그리스도의 이름으로 죄 사함을 받아 중생함으로 교회에 속함을 표하는 예식은 무엇입니까?

답: 세례입니다.

문2. 성례의 영어식 표현인 '새크라멘트sacrament'는 라틴어 '새크라멘툼secramentum'에서 왔습니다. 이것은 초대교회 교부 테르툴리아누스가 헬라어 '미스테리온μυστήριον' 즉 신비를 라틴어로 번역할 때 새크라멘툼(충성서약)으로 번역한 것입니다. 헬라어 '미스테리온'은 하나님의 나타나심에 압도된 성도들의 상태를 설명하는 용어로써, "입을 다물다 혹은 입술을 깨물다"라는 뜻입니다. 새크라멘툼(충성서약)은 세례의 어떤 면을 강조합니까?

답: 하나님의 백성이 되었다는 언약입니다.

문3. 초대교회 교부 아우구스티누스는 성례가 "눈에 보이는 특별한 형식을 통해서 보이지 않는 하나님의 신비한 은총이 드러내는 것"이라고 합니다. 루터는 성례를 "표징이 있는 신성한 약속으로 주어지는 것"이라고 합니다. 장 칼뱅은 성례를 "우리 눈으로 직접 보게 되며, 주님께서 우리와 연합하신다는 것을 확실하게 해주는 보증과 징표"라고 합니다. 존 웨슬리는 성례를 "그리스도가 제정하신 것으로, 단지 그리스도인의 표지(badges) 또는 상징(tokens)일 뿐만 아니라 그것들은 확실한 증거들이며 은혜의 효과적인 표징(signs)이자, 하나님의 선하심이 그가 우리 안에서 보이지 않게 역사하시며, 되살릴 뿐만 아니라 강하게 하시고, 그에 대한 우리의 믿음을 견고하게 하시도록 우리를 향하신다는 확증"이라고 합니다. 성찬은 성례로써 무엇의 수단입니까?

답: 하나님의 은총의 수단입니다.

4. 세례의 실천적 의미

문1. 세례받기에 가장 적합한 날은 예수님께서 부활하신 부활주일, 예수님께서 약속하신 성령이 임재하신 오순절 성령강림주일, 예수님께서 세례 받으신 주현절 첫 주일입니다. 하지만 작은 부활절이라 불리는 모든 주일은 세례가 가능한 날입니다. 세례가 주님의 날인 주일에 거행해야 하는 이유는 무엇입니까?

**답: 세례는 예수 그리스도의 몸인
교회의 일원이 되는 것이기 때문입니다.**

문2. 교회의 전체 회의인 사무총회에서 투표권을 행사할 수 있고, 교회의 직원(장로, 권사, 집사 등)이 될 수 있는 자입니다. 기독교대한성결교회『헌법』에 의하여, "교회에 출석하고 거듭난 증거가 확실한 자로 예문에 의하여 세례를 받은 자와 유소년세례교인 및 유아세례를 받은 15세 이상 된 자로 문답을 받고 세례교인 명부에 기입된 자"는 누구입니까?

답: 세례교인입니다.

문3. 유아세례교인은 유아세례를 재확인하고 견고히 하는 견신례를 통해 자신이 받았던 세례를 다시 상기하며 그때의 헌신을 다시 새롭게 하는 세례갱신예전을 통한 입교를 거행해야 합니다. 기독교대한성결교회『헌법』에 의하여, "세례교인의 자녀로서 예문에 의하여 유아세례를 받은 2세 이하인 자"는 누구입니까?

답: 유아세례교인입니다

문4. 유아세례교인과는 다르지만, 성인세례교인과 동일하게 세례예전 안에 견신례가 포함되어 있어서 세례갱신을 위한 견신례가 필요하지 않습니다. 기독교대한성결교회『헌법』에 의하여, "교회에 출석하고 거듭난 증거가 확실한 자로 예문에 의하여 세례를 받은 15세 미만인 자"는 누구입니까?

답: 유소년세례교인입니다.

문5. 그리스도의 몸인 교회는 거대한 가족이기 때문에 모든 연령을 포괄합니다. 사도 베드로는 세례에 관한 약속이 "너희와 너희 자녀와 모든 먼 데 사람 곧 주 우리 하나님이 얼마든지 부르시는 자들에게 하신 것이라"(행 2:39) 라고 하였습니다. 또한 사도행전의 다른 기록들도 가족의 대표와 함께 한 사람이 세례를 받으면 온 가족이 함께 세례를 받았다고 증언하고 있습니다(행 16:15, 33; 18:8; 고전 1:16). 이와 같은 말씀은 어떤 세례를 지지하는 말씀입니까?

답: 유아세례를 지지하는 말씀입니다.

문6. 교회는 세례후보자 각각에게 양육자를 세워줌으로써 이들 양육자들이 전체 세례교육과정 동안 각자에게 맡겨진 후보자를 돌보고 신앙 인도자로서 역할을 감당해야 합니다. 세례예전에서는 수세자의 서약과 함께 이들 양육자들과 교회공동체 전체가 신앙의 울타리인 교회 안에서 이들 새 구성원들을 잘 돌보고 양육하겠다는 서약을 하도록 해야 합니다. 이렇게 하는 이유는 무엇입니까?

**답: 한 사람이 세례를 통하여 거듭나고
새롭게 될 뿐 아니라 공동체 전체가 세례의 언약을
다시 한 번 상기하고 갱신하기 위함입니다.**

문7. 세례는 단순히 한 사람이 회개하여 하나님의 백성이 될 뿐 아니라, 그리스도의 몸인 교회공동체 전체에 있어서도 대단히 중요한 사건입니다. 한 사람이 공동체에 들어오게 되면 그 개인이 공동체에 의해 영향을 받을 뿐 아니라, 공동체도 그 개인으로부터 영향을 받는다는 사실 때문에 세례는 어떤 모임에서 거행되어야 합니까?

답: 세례는 교회 공동체의 모임 가운데서 이루어져야 합니다.

문8. 임종직전과 같이 긴급하게 세례를 거행해야 할 긴급한 상황이라면, 세례의 핵심 요소만 묻고 세례를 거행할 수 있습니다. 그러나 이러한 경우라도 추후에 회복이 된다면 반드시 교회 공동체 앞에서 이 사람을 소개함으로써 공동체가 그를 새 구성원으로 인식하고 환영하도록 하여야 합니다. 긴급한 상황의 세례를 거행할 때에라도 지켜야 할 세례의 핵심은 무엇입니까?

답: 세례는 성부, 성자, 성령 삼위 하나님에 대한 신앙고백을 묻고, 삼위일체 하나님의 이름으로 물을 붓는 것입니다.

✝

8장

성찬은 무엇입니까?

1. 성찬의 성경적 의미

문1. 예수님께서 "이것을 행하여 나를 기념하라(마 26:26-29, 막 14:22-25, 눅 11:23-26, 고전 11:23-26)"하신 말씀을 교회는 고대로부터 현대에 이르기까지 지켜왔습니다. 이것은 무엇입니까?

답: 성찬입니다.

문2. 1세기 교회는 성찬을 '유카리스테인'(눅 22:19)이라고 불렀습니다. 부활하신 주님께서 제자들에게 떡을 떼어 주셨고(요 21:13), 친히 음식을 드셨습니다(행 10:41-42). 교회는 주님의 구원의 은혜에 감사하며 모일 때마다 기쁨으로 떡을 떼었습니다(행 2:46). 1세기부터 사용된 성찬의 가장 오래된 의미는 무엇입니까(눅 22:19)?

답: 성찬은 감사입니다.

문3. 예수 그리스도는 대제사장으로서 하나님께 자신을 '희생제사'의 제물로 바치셔서 우리 죄를 속량하신 새 언약의 중보자이십니다(히 9:14-15). 하나님은 성찬을 통해서 그리스도께서 바치신 희생의 은총을 믿음으로 참여하는 모든 사람들에게 값없이 베풀어 주십니다. 이러한 성찬의 의미는 무엇입니까?

답: 성찬은 희생제사로 예수 그리스도의 십자가의 구속을 재연하는 것입니다.

문4. "이것을 행하여 나를 기념하라"(고전 11:23-26)는 말씀에서 '기념'(아남네시스)은 단순한 과거의 회상이나 기억이 아니라 예수님께서 제자들과 거행하며 담아내신 성찬을 '기억'하고, '회상'해서 제자들이 삶의 자리인 지금 여기에서 '재연(再演)'하고, '재현(再現)'해서, 다시 알고, 다시 새롭게 경험하라는 말씀입니다. 성찬은 성령의 사역으로 '그때 거기'에서의 일어난 일을 '지금 여기'에서 새롭게 경험하는 사건이라는 의미는 무엇입니까?

답: 성찬은 기념하는 사건입니다.

문5. 성도가 예수 그리스도의 몸과 피에 '참여'(코이노니아, 고전 10:16-17)하는 것은 최후의 만찬에서 예수님께서 떡과 포도주를 자신의 몸과 피와 동일시하셨기 때문입니다. 성찬에 참여하는 성도의 교제는 하나님과 성도와의 교제를 가능하게 하는 신비한 영적 사건입니다. 성도가 성찬에 참여하는 것은 무엇을 의미합니까?

답: 성찬은 예수 그리스도의 몸과 피에 참여하는 것입니다.

문6. 성찬에 임하는 성도들은 하나님의 나라를 대망하며 떡과 포도주를 먹고 마시는 것입니다(눅 22:30; 고전 11:26). 이와 같은 성찬의 의미는 무엇입니까?

답: 성찬은 천국잔치를 미리 경험하는 것입니다.

2. 성찬의 역사적 의미

문1. 성찬이 주님의 만찬(晚餐, 고전11:23-25)으로 불리는 것은 저녁식사와 함께 하는 식탁예전이었기 때문입니다. 기독교 예배가 예수님께서 부활하신 일요일 아침으로 옮겨지면서 성찬은 예전적인 식사(유카리스트)로 정착 계승되었습니다. 초대교회 성도들이 일요일 아침에 가정에서 모여 정규적으로 거행하던 성찬이 무엇의 유래가 되었습니까?

답. 성찬은 주일 예배의 유래가 되었습니다.

문2. 주후 1세기경 최초의 교회 규범서인 『디다케』는 성도들을 성찬에 초대하면서 "당신의 교회가 땅 끝에서부터 당신의 나라로 모이게 하소서"라는 종말론적인 기도로 시작합니다. 또한 『디다케』는 성찬을 "깨끗한 제물"(말 1:1)이라고 합니다. 구약의 제사는 피 흘림이 있는 희생제사이지만, 예수 그리스도께서 십자가에서 단번에 자신을 드려 물과 피를 쏟으셨기 때문에 더 이상은 피 흘림이 필요 없습니다. 이러한 『디다케』의 성찬의 의미는 무엇입니까?

답. 성찬은 피 흘림이 없는 '희생제사'입니다.

문3. 3세기 카르타고의 키프리아누스는 성찬을 "많은 낟알들이 모아지고, 빻아지고 섞여서 한 덩어리가 되어 하나의 빵으로 되는 것처럼, 하늘의 빵인 그리스도 안에서 우리 무리가 모이고 결합되는 한 몸이라는 사실을 우리가 알 수도 있다."라고 합니다. 이러한 성찬의 의미는 무엇입니까?

**답: 성찬은 예수 그리스도와 성도,
성도와 성도 사이의 교제를 의미합니다.**

문4. 3세기 로마의 히폴리투스는 『사도전승』에서 거룩한 식탁인 성찬을 베풀기 전에 감사의 기도를 드립니다. 하나님께서 진리를 믿는 신자들의 믿음을 굳건하게 인도해달라는 기도입니다. 성찬에 참여하는 성도들의 믿음을 위해 무엇을 간구하는 기도를 드립니까?

답: 성령의 임재를 구하는 기도를 드립니다.

문5. 4세기 예루살렘의 시릴은 세례 후 교육과정인 신비교리(미스타고지)에서, 성찬에 대하여 "우리는 자비로우신 하나님께 당신

의 거룩한 성령을 당신 앞에 놓인 성물 위에 보내셔서 빵을 그리스
도의 몸으로, 포도주를 그리스도의 피로 만들기를 구합니다. 왜냐
하면 성령께서 만지신 것은 무엇이나 성화되고 변화되기(메타베블
레타이) 때문입니다."라고 가르쳤습니다. 시릴이 가르치는 성찬의
빵과 포도주는 무엇입니까?

답: 예수 그리스도의 몸과 피의 표지입니다

문6. 4세기 밀라노의 암브로시우스는 성례전을 완성하는 것이
무엇이라고 했습니까?

답: 예수 그리스도의 말씀입니다.

문7. 5세기 아우구스티누스는 성찬을 희생제사로 이해하고, 그
리스도의 영원한 제물이 되심(히 9:14)을 주장합니다. 또한 그는 그
리스도인이 성찬을 통하여 누구와 연합되는 것이라고 합니까?

답: 예수 그리스도와 연합입니다.

문8. 중세기 로마 가톨릭 예배에서는 매주 성찬 예전이 거행되었습니다. 그러나 회중에게는 1년에 한 차례(부활절) 떡만 제공하였습니다. 매주 거행되는 성찬에 매주 참여한 것은 누구입니까?

답: 사제입니다.

문9. 18세기 영국에서 하나님의 은혜의 보이는 수단으로서의 성찬의 신비를 강조하고, 한 주에 서너 번씩 성찬을 거행한 목사는 누구입니까?

답: 존 웨슬리입니다.

문10. 초대교회부터 오늘에 이르기까지 성찬에 참여하는 조건은 무엇입니까?

답: 세례 받은 신자로서 신앙 양심에 거리낌이 없는 자입니다.

3. 성찬의 성례적 의미

문1. 아우구스티누스는 성례전은 "불가시적인 은혜의 가시적인 형태"라고 합니다. 성례전은 행위, 언어, 그리고 물질을 포함하는 표지(sign)입니다. 뿐만 아니라 아우구스티누스는 성찬의 성물에 무엇을 더하면 성례전이 된다고 하였습니까?

답: 예수 그리스도의 말씀입니다.

문2. 하나님의 은혜가 없다면, 성찬은 아무것도 아닙니다. 성례전은 집례 하는 인간이 아니라 하나님께 의존하기 때문입니다. 성례전의 성례전 됨은 당신의 목적을 이루시기 위하여 성례전을 사용하시는 하나님께 달려 있습니다. 성찬 성례전은 무엇을 전달하는 도구입니까?

답: 하나님의 은혜의 신비를 전달하는 도구입니다.

문3. 교회는 예수님께서 하셨던 행동을 반복함으로써, 하나님을 계시하기 위한 예수님의 성례전 사역을 이어간다고 확신했습니다. 교회는 성찬을 거행하면서 예수님께서 제정하신 말씀(마 26:26-29; 막 14:22-25; 눅 22:15-20; 고전 11:23-26)과 예수님께서 식사 때마다 "떡을 가지사", "축사하시고", "떼어", "주셨던" 4가지 동작을 반복했습니다. 교회는 예수님의 말씀에 순종해서 세례를 베풀었고(행 2:41), 안수했고(행 6:6), 기도했고(행 2:42), 치유했고(약 5:14), 함께 떡을 떼었습니다(행 2:46). 교회의 근원적인 성례(primordial sacrament)는 누구입니까?

답: 예수 그리스도입니다.

문4. 예수님께서 직접 제정하신 것으로서, 16세기 종교개혁자 이후에 개신교회의 성례전으로 인정받는 두 가지는 무엇입니까?

답: 세례와 성찬입니다.

문5. 기독교대한성결교회 최초의 법인 1925년 『교리 급 조례』에서 "신자된 것을 표(sign)하는 것뿐만 아니라 하나님의 은혜와 우리 신자에게 대한 거룩하신 뜻으로 은연중에 역사하시는 표(sign)"라고 설명하는 것은 무엇입니까?

답: 성례입니다.

문6. 『교리 급 조례』에서 "그리스도의 살과 피를 그의 재림하실 때까지 기념하기 위하여 세우신 예식인데 누구든지 신앙과 정결한 양심으로 떡과 포도주를 먹고 마시면 신령상에 큰 유익이 될지라 이 성례는 그리스도께서 피로 우리를 구속하심과 그의 살로 우리의 영혼에 자양(滋養)이 되는 것을 표시함이니라(벧전3:21; 롬 14:23, 14:13; 고전 11:23-29)."라고 설명하는 성례는 무엇입니까?

답: 성찬입니다.

문7. 성찬 성례전은 예수님께서 제정하신 말씀에 근거하여 빵, 포도주와 같은 물질을 사용하는 행위의 일환으로서 구원의 표지입니다. 구원의 표지인 성찬을 거행하기 위해서는 성찬의 빵과 포도주와 같은 적절한 물질, "이것을 행하여 나를 기념하라"와 같은 공식적인 문구, '가지다', '축사하다', '떼다', '주다'와 같은 공식적인 형식, 교회의 목적을 정확하게 수행할 임명된 집례자가 필요합니다. 우리를 하나님께로 이끄시려고 성찬을 고안하신 분은 누구입니까?

답: 예수 그리스도입니다.

문8. 하나님은 "자기를 비워 종의 형체를 가지신"(빌 2:7) 예수님 안에서 우리에게 자신을 내어 주셨습니다. 성찬을 통해 하나님의 사랑을 경험한 성도는 하나님께 자기드림으로 영광을 돌리고, 인간과 인간 사이에 자기 나눔으로 사랑을 실천합니다. 우리는 예배 공동체 안에서 이러한 성찬을 거행하며 무엇을 경험합니까?

**답: 가시적인 형태의 사랑으로써 표현된
하나님의 자기 주심(self-giving)을 경험합니다.**

4. 성찬의 실천적 의미

문1. 빵과 포도주는 하나님이 주신 농작물을 인간이 경작하여 얻은 소출을 가지고 빚어낸 산물입니다. 삶의 소산을 통해서 설교 후 하나님의 말씀에 대한 감사의 표시로 맡은 성도가 빵, 포도주 그리고 헌금을 성찬상 앞으로 가져와 집례자에게 드리는 순서는 무엇입니까?

답: 봉헌입니다.

문2. 성찬은 1세기부터 '유카리스트'(감사)라고 불렀습니다. 성찬은 하나님께서 구속의 역사 가운데 행하신 일과 당신의 백성들에게 약속하신 일을 교회가 찬미하며, 예수 그리스도의 생애, 죽음, 부활, 그리고 재림의 약속을 기억하고 감사하는 행위입니다. 예수님께서 다시 오실 때까지 그리스도인은 성찬 참여를 통하여 구원의 완성에 대한 하나님의 약속을 확인하고, 장차 도래할 하나님의 나라의 잔치를 앞서 경험합니다. 동서남북으로 흩어져 있던 성도들을 주의 탁자 앞으로 초대하면서 성찬을 베풀어주신 하나님의 은혜에 감사하는 순서는 무엇입니까?

답: 성찬에의 초대입니다.

문3. 성찬기도는 '대감사기도'라고도 합니다. 예수님께서 마지막 식사를 하실 때, 떡을 '가지사', '축사하시고', '떼어', '주셨습니다.' 여기에서 '축사'는 성찬으로 인한 '감사의 기도'를 뜻합니다. 성찬기도의 내용은 예수 그리스도 안에서 절정을 이룬 삼위일체 하나님의 인류 구원의 역사를 요약한 것입니다. 이러한 성찬기도의 핵심은 무엇입니까?

답: 성찬을 제정하신 예수 그리스도의 말씀입니다.

문4. 초대 교회와 오늘날 대부분의 기독교의 성찬 기도는 특정한 형식과 내용을 포함하고 있습니다. 예배 전통에 따라서 그 순서가 약간씩 다르기는 하나, 대체로 성찬기도를 구성하는 7가지 요소는 무엇입니까?

답: ① 예배인사와 마음을 주께 올림 ② 도입기도
③ 삼성송(Sanctus) ④ 성찬 제정의 말씀
⑤ 기념/봉헌사 ⑥ 성령임재기도(Epiclesis) ⑦ 송영(Doxology)

문5. 집례자는 성찬기도를 하는 동안에 예수님께서 마지막 만찬 때에 하셨던 것처럼 네 가지 주요 동작을 수행합니다. 예수님께서는 4중 행위를 마지막 만찬뿐 아니라 오병이어의 식탁(막 6:41)에서도, 엠마오로 가던 글로바와 다른 제자와의 식탁에서도 보여주셨습니다. 사도 바울은 이것을 이교도로 가득한 풍랑속의 배 위(행 27:35)에서 보여 줍니다. 성찬기도의 주요 동작인 4중 행위는 무엇입니까?

답: 4중 행위는 "가지다", "축사하다", "떼다", "주다"입니다.

문6. 성찬에 빵과 포도주를 회중에게 전달할 때, 원칙은 회중이 성찬상 주위에 모여들거나 성찬상 앞으로 걸어 나오는 것입니다. 집례자는 빵을 적당한 크기로 떼어서 "주님의 몸(입니다)"하면서 회중의 손에 놓아줍니다. 이때 떡을 받는 사람은 오른손을 펴서 역시 활짝 편 왼손의 아래에 받친 채로 공손히 집례자에게 내밀며 "아멘"하고 받습니다. 편의를 위하여 빵을 미리 잘라놓을 수도 있으며, 사람들의 형편과 전염병을 고려하여 개인별 잔을 사용할 수도 있습니다. 성찬을 회중에게 분급하는 순서는 무엇입니까?

답: 성찬 참여입니다.

문7. 모든 배찬이 끝난 후에 집례자는 이 예식을 통하여 예수 그리스도를 회중에게 보내주신 하나님께 감사드리며, 또한 믿음의 제자로 살아갈 수 있도록 하나님의 능력과 은혜를 구하는 기도를 드립니다. 또한 하나님께서 예수 그리스도로 말미암아 베풀어주신 거룩한 식탁을 감사하고, 예수님의 재림을 기다리고(고전 11:26), 예수님의 참된 양식과 참된 음료를 먹고 마심(요 6:55)으로 영육 간에 강건하게 살아가도록 성령의 도우심을 구하는 성찬예전의 마침 기도는 무엇입니까?

답: 성찬 후 기도입니다.

✝

9장

기독교대한성결교회의 역사를 배웁니다

◢ 1. 동양선교회 복음전도관 이전시대(1907년 이전)

문1. 1703년 6월 17일 출생한 존 웨슬리는 1726년에 옥스퍼드 링컨칼리지의 강사가 되고, 1728년 성공회사제 서품을 받습니다. 그는 1729년 동생 찰스 웨슬리와 함께 대학 내 "신성클럽"(Holy Club)을 조직합니다. 1735년 북미 조지아 주에 선교사로 떠났다가 돌아온 후, 1938년 5월 24일, 밤 8시 45분 경 올더스게이트(Aldersgate) 거리의 알미니안 집회에서 루터의 로마서 주석 서문을 듣다가 구원의 확신을 얻게 됩니다. 1939년 1월 1일 페터레인에서 은사주의적(charismatic) 성령충만을 체험한 후, 브리스톨에 신도회 회관을 세우고, 옥외설교를 시작합니다. 1744년 '신도회 대회' 개최를 시작으로 존 웨슬리가 평생 이끌었던 메도디스트 운동의 핵심은 무엇입니까?

답: 성화입니다.

문2. 존 웨슬리가 아일랜드에서 선교할 때 회심한 필립 엠베리는 그의 남편 폴 헥과 함께 1768년 뉴욕의 존 가(街)에서 미국의 첫 감리교회를 세웁니다. 1769년 존 웨슬리는 조셉 필무어와 리차드 보어드만을, 1771년 프랜시스 애즈베리와 리차드 라이트를, 1773년 토마스 랭키를 공식 선교사로 미국에 파송합니다. 존 웨슬리에게 영향을 받은 초기 미국 감리교회의 지도자들이 강조했던 성결운동의 핵심은 무엇이었습니까?

답: 그리스도인의 완전입니다.

문3. 미국의 성결운동을 통해 1884년부터 1900년에 사이에 무려 200여 개의 성결파 교단들이 새롭게 설립됩니다. 대표적인 교단으로 나사렛 교단, 웨슬리안 교회, 구세군, 하나님의 교회 등이 있습니다. 그 중에서 마틴 웰스 냅(Martin Wells Knapp)과 셋 리스(Seth C. Rees)가 설립하고, 1901년 1월 시카고에서 동양선교회의 설립자인 찰스 카우만을 최초의 목사로 안수하고 일본 선교사로 파송한 단체는 무엇입니까?

답: 만국성결연합입니다.

문4. 동양선교회(Oriental Missionary Society)는 예수 그리스도와 그 사도들로부터 비롯한 거룩한 공교회의 전통과 종교개혁자들의 정신을 이어 존 웨슬리의 부흥운동과 만국성결교회의 사중복음을 계승하여 세워졌습니다. 동양선교회의 창립 목적은 무엇입니까?

답: 사중복음(Fourfold Gospel)을 전하는 것입니다.

문5. 1868년 미국 일리노이주에서 태어났고, 1894년 시카고 무디성경학교에서 심프슨의 선교대회에 참석하여 선교에 대한 사명감을 얻게 되었고, 가렛신학교와 무디성서학원에서 공부한 후,

1901년 일본에 선교사로 와서 도쿄에 복음전도관 및 성서학원을 설립하고, 1904년 11월에 "동양선교회"를 조직하여 전도에 힘쓰다가 지병인 심장병이 악화되어, 미국으로 돌아간 후, "동양선교를 끝까지 힘쓰라"는 유언을 남기고 1924년 57세의 나이로 하나님의 부르심을 받은 동양선교회의 설립자는 누구입니까?

답: 찰스 카우만(Charles E. Cowman)입니다.

문6. 1870년 아이오와 주에서 은행가 집안의 막내딸로 태어나서 카우만과 결혼하고 선교사로 일본에 온 후, 기관지의 기자와 주필로서 사역하다가 동양선교회의 제1대 총리 카우만, 제2대 총리 길보른이 하나님의 부르심을 받자, 제3대 총리가 되어서 중국의 북경, 한국의 경성, 일본의 도쿄를 순회하며 천막 전도회를 주도하면서, "십자군 전도운동"으로 발전시키다가 1960년 90세에 하나님의 부르심을 받은 동양선교회의 설립자는 누구입니까?

답: 레티 카우만(Lettie B. Cowman)입니다.

문7. 1865년 캐나다 온타리오 주에서 태어나서 카우만의 전도를 받고, 무디성서학원과 하나님의 신학교에서 공부한 후, 동양에 대한 선교환상을 보여주신 하나님의 뜻을 따라 1902년 만국성결연합에서 목사안수를 받고, 일본으로 건너가 선교사역을 하면서 한국인 정빈, 김상준 씨가 동경성서학원에 입학한 것을 계기로 한국선교를 계획하고, 만국성결연합 소속의 존 토마스 목사와 더불어 한국 선교에 힘쓴 동양선교회 제2대 총리로서 동양선교회 본부를 한국으로 옮기고, 1924년부터 1928년까지 중국 선교에 힘쓰다가 하나님의 부르심을 받은 동양선교회 설립자는 누구입니까?

답: 어네스트 길보른(Ernest Albert Kilbourne)입니다.

문8. 1870년 일본 아오모리 현에서 태어나서 17세 때 일본 감리교회의 초대 감독인 혼다목사로부터 세례를 받았습니다. 1891년 신학교를 졸업하고, 1894년 목사안수를 받고, 미국으로 건너가 1897년 무디성서학원에 입학했습니다. 1897년 데이빗의 전도집회에서 성결의 체험을 하고, 일본으로 돌아와 1901년 카우만을 도와 도쿄에 복음전도관과 성서학원을 설립하였습니다. 1933년 『사중의 복음』을 출간하여 사중복음이 4개의 복음이 아니라 하나의 복음을 4방면에서 본 복음이라고 설명했던 동양선교회의 설립자는 누구입니까?

답: 나까다 쥬지입니다.

문9. 1868년 일본 중앙부의 미에 현에서 태어나서 1887년 캘리포니아주 태평양 상업대학에 유학하던 중 닫지 목사 어머니의 전도로 1887년 회심하고 개종을 합니다. 1894년 가와베 목사와 같이 귀국하여, 도쿄 긴자가에 하숙집을 정해놓고 '작은무리'라는 전도팀을 조직하였습니다. 박스톤 선교사의 권유로 동양선교회 성서학원에서 성경강의를 했고, 1913년 4월 일본의 성결운동을 위해 동경성서학원 교수직과 성결교회 목사직을 사임하고 전국의 교회를 순회하다가 1914년 하나님의 부르심을 받은 동양선교회의 설립자는 누구입니까?

답: 사사오 데쓰사브로입니다.

2. 동양선교회 복음전도관 시대(1907년~1921년)

문1. 1907년 5월 2일 정빈, 김상준, 카우만, 길보른은 도쿄에서 귀국하여 동양선교회의 지원으로 서울의 염곡(현 종로1가)에 작은 집을 세 얻어 사역을 시작했습니다. 그 후 동현(을지로 입구)에 큰 기와집을 세 얻어서 장사치 거리와 유흥가 한복판에서 북을 치며 전도하고, 성경공부반과 성결집회를 통해 성장하던 '할렐루야', '아멘'이 특색인 선교단체는 무엇입니까?

답: 동양선교회 복음전도관입니다.

문2. 1878년경 황해도에서 태어나서 1905년부터 일본 도쿄성서학원에서 수학한 후, 1907년 김상준과 함께 귀국하여 무교동 전도관을 세우고 주임교역자가 되었습니다. 1911년 경성성서학원의 최초의 한국인 교수가 되어 학생들을 가르쳤고, 1914년 북간도로 가서 용정교회 설립, 1917년 안성교회 설립, 1919년 인천교회 설립, 다시 1921년 인천교회를 사직하고 만주 종성동 성서학원에서 교수로 성경을 가르치다가 하나님의 부르심을 받은 동양선교회 복음전도관의 설립자는 누구입니까?

답: 정빈입니다.

문3. 1881년 평안남도에서 태어나서 1905년 일본 도쿄성서학원에서 수학한 후, 1907년 정빈과 함께 귀국하여 무교동 복음전도관의 제2대 주임교역자로 시무하였고, 1914년 목사 안수를 받은 후, 아현교회 주임교역자, 경성성서학원의 교수, 1916년 개성교회의 주임교역자 역임하다가 1917년부터 10년간 부흥목사로 전력하였습니다. 1919년 3월 1일 독립운동으로 평양형무소에 구속당했고, 윤치호, 이상재, 유성준, 이승훈과 함께 '기독교 창문사'를 통해 문서운동을 했습니다. 마지막까지 황해도에서 부흥집회를 인도 하다가 병세가 악화되어 1933년 하나님의 부르심을 받은 동양선교회 복음전도관의 설립자는 누구입니까?

답: 김상준입니다.

문4. 초기성결교회의 선교원칙은 새로운 교단을 만들려는 것이 아니라는 것과 직접전도를 하는 것입니다. 전도한 사람들은 교회로 인도하여 영혼을 구원하는 '구령회'라는 집회를 통해서 복음을 듣고 중생을 체험했습니다. 중생한 성도들은 성결의 은혜를 사모하는 간증집회를 가졌는데, 이것은 무엇입니까?

답: 성별회입니다.

문5. 1909년 한국의 동양선교회 복음전도관은 동양선교회에 선교사 파송을 요청했습니다. 1910년 동양선교회는 영국인 존 토마스 목사를 한국의 동양선교회 복음전도관의 초대 감독이자 경성성서학원의 교장으로 파송했습니다. 교회가 총리사 1인에 의한 지도를 받는 이러한 체제를 무엇이라 합니까?

답: 감독제도라고 합니다.

문6. 1907년 정빈, 김상준은 자국민 교역자 양성을 위하여 카우만에게 경성에도 성서학원을 설립해 달라고 요청합니다. 존 토마스 목사가 원장이 되어 1911년 3월 경성 무교동 복음전도관 안에 임시로 성서학원을 개원했습니다. 1912년 레티 카우만이 친정 아버지의 유산으로 받은 1만 환을 바쳐서 80평 규모의 벽돌 건물로 무교정 예배당을 신축했습니다. 동시에 찰스 카우만은 "높은 곳에 학교를 세우라"(사 41:3)는 응답을 받고, 서대문 애고개 마루턱에 성서학원을 신축합니다. 전국의 복음전도관에 교역자를 양성해서 보낸 성결교회의 성서학원은 무엇입니까?

답: 경성성서학원입니다.

3. 조선예수교 동양선교회 성결교회 시대(1921~1943년)

문1. 성결교회는 1910년 감독정치를 하였습니다. 초대 감독은 존 토마스 목사였습니다. 1921년 동양선교회 제2대 총재인 길보른은 고문회를 두었습니다. 1924년 감독을 겸임하던 길보른 총리가 귀국함에 따라 고문제도를 폐지하고 1943년 일본 제국주의의 탄압으로 성결교회가 강제해산을 당할 때까지 계속되었던 한국성결교회의 치리기구는 무엇입니까?

답: 이사회입니다.

문2. 1923년 교역자회가 정식 발족 되었습니다. 1929년 제1회 '연회'가 열립니다. 1932년 제4회 연회 때 성결교회 총회의 창립을 만장일치로 결의하고, 1933년 4월 11일 경성성서학원 강당에서 창립총회를 열었습니다. 한국성결교회는 '감독정치'에서 '이사정치'로, '이사정치'에서 오늘날과 같은 형태의 어떤 정치 형태로 발전했습니까?

답: 총회정치입니다.

문3. 1922년에 이명직 목사는 『주일학교 독본』이라는 계단공과를 출간했습니다. 1935년 주일학교 교육운동을 일으키고 『주교지남(主校指南)』이라는 간행물을 만들었으며, 1940년 '경성주일학교 연합회'를 주도적으로 조직하여 한국성결교회 주일학교의 기초를 놓은 인물은 누구입니까?

답: 윤판석(장로)입니다.

문4. 한국성결교회 최초의 부인회는 1922년 독립문교회 부인기도회에 기원합니다. 1934년 9월 '전국연합회'가 창립되고, 전국연합회는 당시 이명직 목사의 후원으로 1934년 11월호부터 『기쁜소식』이라는 기관지를 발간했고, 연례행사로 '부인심령수양대회'를 개최했습니다. 부인회의 조직 목적은 무엇입니까?

답: '믿음과 기도와 열심과 물질로 하나님 나라의 사업을 공동으로 협조하자'입니다.

문5. 한국성결교회 전국성청연합회의 기원은 1934년 1월 조직된 경북 김천 남산성결교회청년 7명으로 시작되었습니다. 이들은 주일 밤 예배 후 기도를 열심히 하였고, 교회를 위해 '성우철공소'를 차리고 회원들 자신의 손으로 교회 종각과 철문을 만들었습니다. 일과 후에는 나팔과 북을 가지고 전도활동을 하여 김천일대에 여러 지교회를 세웠습니다. 이들의 활동은 1937년 3월호 『활천』에 실렸고, 이에 자극 받은 각 교회에서 청년회가 조직되었습니다. 김천 남산성결교회 청년회의 이름은 무엇입니까?

답: 성우 청년회입니다.

문6. 1930년대 일본은 한국에서 조선신궁을 조성하고 천조대신과 명치천황을 신으로 받드는 신사참배를 강요했습니다. 1925년 한국교회의 큰 걸림돌이었던 신사참배를 최초로 거부했던 강경보통학교 학생들에게 신사참배가 우상숭배라는 것을 교육한 교회는 무엇입니까?

답: 강경성결교회입니다.

문7. 총독부와 일본경찰은 1943년 5월 24일 한국성결교회 200여 남녀 교역자와 100여 명의 평신도 지도자들을 경찰서에 투옥시켰습니다. 이후 9월에 전 성결교회 폐쇄령이 내렸습니다. 성결교회의 중생, 성결, 신유, 재림의 사중복음 중 특히 일본이 일본천황의 존엄성을 침해하는 것이며, 국체를 위반하는 사상이라고 정죄하며 교단 폐쇄의 빌미로 삼았던 성결교회의 교리는 무엇입니까?

답: 재림입니다.

4. 기독교대한성결교회 시대(1945~현재)

문1. 한국성결교회의 명칭은 1907년 동양선교회 경성복음전도관, 1921년 조선예수교 동양선교회성결교회, 1940년 동양선교회 기독교조선성결교회로 변경해 왔습니다. 해방 후 1945년 11월 9일 재흥총회부터 시작된 새로운 명칭은 무엇입니까?

답: 기독교대한성결교회입니다.

문2. 한국전쟁 중 1952년 4월 11일 대구 공평동교회에서 창립총회를 가진 평신도 기관은 무엇입니까?

답: 전국장로회입니다.

문3. 해방 후 신사참배 문제, 신학교의 신학노선(보수와 진보의 신학사상), 기독교연합회(NCC)와 복음동지회(NAE)의 가입문제로 교단에 내분이 일어나서 1962년 갈라지게 된 기독교대한성결교회의 형제 교단은 무엇입니까?

답: 예수교대한성결교회입니다.

문4. 1970년도 제25회 총회에서 공모하여 당선된 부평제일교회 조남섭 장로의 교단 마크는 그리스도의 고난과 부활을 의미하며, 가시밭 같은 세상에서 영원한 생명과 부활과 소망 중에 사는 그리스도인의 향기를 발하는 성결가족을 상징합니다. 백합화가 밖으로 향한 것은 성결복음의 확산과 그리스도인의 향기를 세상으로 발산함을 상징합니다. 푸른 바탕은 성결인의 고결한 의지를 표명합니다. 네 개의 잎은 중생, 성결, 신유, 재림의 사중복음을 표방합니다. 기독교대한성결교회의 교단마크는 무엇입니까?

답: 가시밭의 백합화입니다.

✝

10장

그리스도인의
삶을 나눕니다

◢ 1. 그리스도인의 신앙생활

문1. 하나님께 대한 인간의 최고 행위이기 때문에 매주 엄수하며 영과 진리로 드려야 하는 것으로써, 참여하는 교인이 인도자에게 순종하며 따라야 하는 것은 무엇입니까?

답: 예배입니다.

문2. 하나님께 대한 경건생활 중 일요일을 구분하여 거룩하게 지키며 공예배에 경건하게 참여하여 성경말씀과 설교를 명심하여 듣고 지켜야할 것은 무엇입니까?

답: 주일성수입니다.

문3. 하나님께 대한 경건생활 중 은밀한 기도와 가정예배를 힘쓰므로 지켜야 하는 생활은 무엇입니까?

답: 기도생활입니다.

문4. 하나님께 대한 경건생활 중 교인이 교회 봉사생활에 충실할 것이며, 성경을 부지런히 읽어 생활의 지침으로 삼아야 하며, 교역자와 직원은 교회 내의 생활에서 그 직분의 품위에 손상되는 행동을 하지 않아야 하는 생활은 무엇입니까?

답: 교회생활입니다.

문5. 하나님께 대한 경건생활 중 교인은 십일조의 의무를 다하고 교회의 다양한 사역을 지원하기 위하여 물질을 드리는 생활은 무엇입니까?

답: 헌금생활입니다.

문6. 교회 안의 경건생활에서 근거 없는 낭설로 개인이나 교회의 명예가 훼손될 만한 말을 퍼뜨리지 말아야 하며, 교회생활에서 폭언이나 인신공격으로 타인의 신앙을 손상하게 하거나 교회를 소란하게 하지 않도록 지켜야 하는 것은 무엇입니까?

답: 성도의 언어 사용입니다.

문7. 교회 안의 경건생활에서 부당한 목적을 달성하기 위하여 인쇄물을 배포하거나 문서를 위조 또는 변조하여 교인을 선동하지 말아야 하며, 정당한 이명증서 없이 교인을 입교시키거나 직원을 임명하지 않도록 지켜야 하는 것은 무엇입니까?

답: 성도의 문서 사용입니다.

문8. 교회 안의 경건생활에서 이단에 참가하여 교육을 받거나, 이단을 주장하거나 불법으로 교회를 분립하지 말 것이며, 당회나 담임교역자의 승인 없이 부당한 회의를 모이거나 불온한 결의를 하지 말아야 하는 주의 사항은 무엇입니까?

답: 이단 또는 사이비교에 대한 주의사항입니다.

문9. 교회 안의 경건생활에서 성도는 교회 소유의 토지, 건물, 집기를 사사로이 개인의 명의로 소유하지 않도록 하는 주의사항은 무엇입니까?

답: 교회재산에 대한 주의사항입니다.

2. 그리스도인의 사회생활

문1. 생활신앙인으로서 지켜야 할 사회에 대한 건덕생활 중 하나님께서 주신 힘으로 주린 자에게 먹을 것을 주며 헐벗은 자에게 입을 것을 주고 병든 자와 옥에 갇힌 자를 방문하며 도와주는 것은 어떤 일입니까?

답: 사람을 긍휼히 여기는 일입니다.

문2. 생활신앙인으로서 지켜야 할 사회에 대한 건덕생활 중 기도하고 전도하며 자기와 접촉하는 자들에게 주의 진리로 권고하기를 항상 힘쓰며, 자기 십자가를 지며, 복음을 부끄러워하지 않는 것은 어떤 일입니까?

답: 사람의 영혼을 사랑하여 행해야 일입니다.

문3. 생활신앙인으로서 지켜야 할 사회에 대한 건덕생활 중 학생이 자기중심으로 하지 말고 봉사 정신으로 주님의 영광을 위하여 진실하게 하여야 할 것은 무엇입니까?

답: 공부하는 학생이 행해야 할 일입니다.

문4. 생활신앙인으로서 지켜야 할 사회에 대한 건덕생활 중 검소 절약함으로 타인의 본이 되어야할 뿐만 아니라 자신이 맡은 일을 하는 데 갖추어야 할 자세는 무엇입니까?

답: 부지런함입니다.

문5. 생활신앙인으로서 해서는 안 될 사회에 대한 건덕생활 중 교인은 서로 분쟁이나 송사, 중상과 폄론(貶論)을 하지 않아야 한다는 규정은 무엇에 관한 규범입니까?

답: 분쟁에 관한 규범입니다.

문6. 생활신앙인으로서 해서는 안 될 사회에 대한 건덕생활 중 분수에 지나치는 생활을 삼가며, 진리에 부합치 않은 오락을 행치 말며, 비열한 속가(俗歌)를 부르지 말며, 신앙에 손해되는 서적을 읽지 않아야 한다는 규정은 무엇에 관한 규범입니까?

답: 생활에 관한 규범입니다.

문7. 생활신앙인으로서 해서는 안 될 사회에 대한 건덕생활 중 갚을 예산이 없는 부채는 지지 말며, 부당한 이득을 탐하는 업을 하지 말며, 고리대금을 하지 말며, 공금을 사사로이 유용치 말며, 모든 금전거래 관계로 교회의 위신과 교인의 신의에 손상되는 일을 하지 않아야 한다는 규정은 무엇에 관한 규범입니까?

답: 재물에 관한 규범입니다.

문8. 생활신앙인으로서 해서는 안 될 사회에 대한 건덕생활 중 남녀교제에 있어서 남에게 오해를 받아 본의 아니게 교회의 명예를 훼손시키는 행동을 하지 않아야 한다는 규정은 무엇에 관한 규범입니까?

답: 이성교제에 관한 규범입니다.

문9. 생활신앙인으로서 해서는 안 될 사회에 대한 건덕생활 중 자녀가 부모에게 불효하거나, 연소자가 연장자에게 불손하거나 타인을 멸시하는 태도를 취하지 않아야 한다는 규정은 무엇에 관한 규범입니까?

답: 인간관계에 관한 규범입니다.

문10. 생활신앙인으로서 해서는 안 될 사회에 대한 건덕생활 중 신앙생활에 유해하며 타인에게 부덕이 되는 환각제 및 주초 등의 행위는 하지 않아야 한다는 규정은 무엇에 관한 규범입니까?

답: 중독되지 말아야 할 규범입니다.

문11. 생활신앙인으로서 지켜야 할 사회에 대한 건덕생활 중 교인은 교인과 혼인할 것이며 가정과 사회에 부덕스러운 혼인을 하지 말아야 하며, 그 예식은 본 교회에서 제정한 예문에 따라 거행하여야 한다는 규정은 무엇에 관한 규범입니까?

답: 결혼에 관한 규범입니다.

문12. 생활신앙인으로서 해서는 안 될 사회에 대한 건덕생활 중 교인은 간음 이외의 어떠한 경우에도 이혼을 인정치 않으며, 또한 이혼한 자의 남자 편이나 여자 편이나 생존하여 있는 동안 타인과의 재혼을 하고자 하는 경우에는 일체의 혼례집행을 하지 못합니다. 그러나 이혼하였던 부부가 다시 결합하고자 하는 경우에는 적용하지 않는다는 규정은 무엇에 관한 규범입니까?

답: 이혼에 관한 규범입니다.

문13. 생활신앙인으로서 해서는 안 될 사회에 대한 건덕생활 중 하나님께서 태초에 일남일녀로 부부가 되게 하셨으니 본 교회 교인은 일남일녀로 부부가 되어야 하며 본처가 있는 남자에게 시집하는 것과 본부(本夫)가 있는 여자에게 장가드는 것을 합법적인 혼인으로 인정하지 않는다는 규정은 무엇에 관한 규범입니까?

답: 혼인에 관한 규범입니다.

3. 교회공동체의 신앙윤리

문1. 인간행동의 관습을 이성적으로 검토 비판하여 그리스도인으로 하여금 사랑의 공동체 안에서 행하는 올바른 실천이라고 정의할 수 있는 것은 무엇입니까?

답: 기독교인이 지켜야 할 윤리입니다.

문2. 하나님의 백성으로 구성된 예수 그리스도의 몸으로서 교회를 이끄시고 도우시는 성령의 인도하심을 따라 종말론적인 신앙으로 바른 삶을 사는 윤리는 무엇입니까?

답: 교회의 신앙 윤리입니다.

문3. 본 교회의 성경 해설의 지도원리는 무엇입니까?

답: 중생, 성결, 신유, 재림의 사중복음입니다.

문4. 기독교대한성결교회의 신앙의 근간은 무엇입니까?

답: 사도신경입니다.

문5. 기독교대한성결교회의 정치제도(政治制度)는 무엇입니까?

답: 신앙 양심을 기초한 대의제도(代議制度)입니다.

문6. 기독교대한성결교회에서 인간의 하나님께 대한 최고 행위로 알아, 교회에 모일 때마다 엄숙하고 경건하게 거행해야 하는 것은 무엇입니까?

답: 예배입니다.

문7. 기독교대한성결교회가 신자들로 하여금 그리스도의 복음과 성경의 교훈으로 지정의(知情意)를 겸비한 인격으로 성장하게 하며 성결의 체험을 받도록 지도하는 원리는 무엇입니까?

답: 인격수양입니다.

문8. 하나님의 말씀을 듣고, 순종하며, 복음 선교에 주력하는 동시에 모든 생활로써 본을 보이기를 힘쓰도록 하는 것은 무엇입니까?

답: 말씀에 응답하는 성도의 신앙윤리입니다.

4. 교회공동체의 생활윤리

문1. 존 웨슬리는 중생함으로 하나님 형상성이 회복된 성도의 생활에서 요청받는 것은 무엇이라고 하였습니까?

답: 선한 행위들을 요청받고,
실천할 수 있는 능력을 부여받는다고 하였습니다.

문2. 존 웨슬리는 사랑이 개인적인 믿음의 사건으로 시작되지만, 동시에 성령의 능력으로 사회변혁을 위해 나아가게 한다고 주장합니다. 존 웨슬리는 교회가 지켜야 할 궁극적인 생활윤리를 무엇이라고 합니까?

답: 사랑의 윤리입니다.

문3. 존 웨슬리가 사랑의 계명을 지키기 위해서 제시한 생활윤리 네 가지는 무엇입니까?

> 답: ① 이웃에 대한 차별 없는 사랑
> ② 연대의식의 윤리
> ③ 청지기 정신의 책임 윤리
> ④ 노동가치의 존중과 분배의 경제윤리입니다.

문4. 중생함으로 거듭난 신자는 복음 전도를 통해서 생명을 구원하는 것뿐만 아니라 공동체 안에서의 생명윤리를 실천합니다. 이것은 문화적으로 생명 문화 창조에 이바지하는 것입니다. 정치적으로 살림을 위한 생명정치에 참여하는 것입니다. 생태적으로 생태존중의 정신을 구현하는 것입니다. 중생의 보편적 가치는 무엇입니까?

> 답: 중생의 보편적 가치는 생명입니다.

문5. 성령세례를 받아 하나님의 사랑을 경험한 신자는 이웃 사랑을 통해서 하나님 사랑을 실천합니다. 이것은 문화적으로 이웃사랑의 문화를 전파하는 것입니다. 정치적으로 상생하도록 정치활동을 하는 것입니다. 생태적으로 하나님의 은총 안에서 모든 것의 회복을 이루는 희년정신을 실천하는 것입니다. 성결의 보편적 가치는 무엇입니까?

답: 성결의 보편적 가치는 사랑입니다.

문6. 신유의 은혜로 사는 건강한 신자는 질병에 대해 육체적인 문제의 해결뿐 아니라 사회종교적인 질병을 해결하기 위해 실천합니다. 이것은 문화적으로 기근과 재난, 인간성 상실과 가치관 부재의 혼돈에 빠져 있는 병든 사회를 치유하고 회복시키는 것입니다. 정치적으로 반목, 불신, 대립의 늪에 빠진 정치적 신뢰를 회복시키는 것입니다. 생태적으로 반 생태적인 원인을 제거하는 것입니다. 하나님의 창조질서를 보존하기 위해서 반 생태적인 원인들을 거부하는 것입니다. 신유의 보편적 가치는 무엇입니까?

답: 신유의 보편적 가치는 회복입니다.

문7. 재림의 소망 가운데 사는 참된 성도는 의로운 신자입니다. 이것은 문화적으로 돈, 성, 권력으로 세속화된 문화를 정화하는 것입니다. 정치적으로 폭력과 전쟁, 억압과 착취, 불법과 불의로 말미암아 부패한 정치를 개혁하는 것입니다. 생태적으로 지구온난화와 전염병 같은 공동체 전체에 위해를 가하는 반 생태적인 불의를 비판하는 것입니다. 재림의 보편적 가치는 무엇입니까?

답: 재림의 보편적 가치는 공의입니다.

구원의 확신과 성령의 불세례

장년 세례문답

발행일 _ 1판 1쇄 2022년 2월 23일
지은이 _ 총회교육부 편
편집인 _ 송우진
책임편집 _ 전영욱
기획/편집 _ 강영아 장주한 이우섭
디자인/일러스트 _ 권미경 하수진
홍보/마케팅 _ 이상욱 김효진
행정지원 _ 조미정

펴낸곳 _ 기독교대한성결교회 출판부
서울시 강남구 테헤란로64길 17(대치동)

대표전화 TEL (02) 3459-1051~2/ FAX (02) 3459-1070
홈페이지 http://www.eholynet.org
등록 1962년 9월 21일 등록번호/ 제16-21호
ISBN 978-89-7591-349-5 03230
가격 4,500원

• 장년 세례문답은
  신길교회의 후원으로 제작되었습니다.